K线
图谱精讲

财聚龙头◎编著

清华大学出版社
北京

内 容 提 要

股市不仅仅是一个市场，更是一个战场。有的股民认为技术分析太专业，太难搞定了，其实并非如此，只是未窥其门径而已。

本书分为两部分，第一部分是基础知识，讲解基本的 K 线知识；第二部分是买卖集合，列举了众多标志性的买点和卖点。本书图文并茂，为读者讲解敏锐捕捉股票买入或者卖出的时机、获得稳定收益的方法和技巧。

本书既适合对股票买卖操作不太熟练的新股民阅读，也适合有一定炒股经验的老股民阅读。

图书在版编目(CIP)数据

K 线图谱精讲 / 财聚龙头编著. -- 北京 ：清华大学出版社，2015（2025.4重印）
ISBN 978-7-302-41120-8

Ⅰ．①K… Ⅱ．①财… Ⅲ．①股票交易—基本知识 Ⅳ．①F830.91

中国版本图书馆 CIP 数据核字(2015)第 183383 号

责任编辑：张　艳
封面设计：杨　丹
版式设计：方加青
责任校对：杨静琳
责任印制：杨　艳

出版发行：清华大学出版社
　　　　　网　　　址：https://www.tup.com.cn, https://www.wqxuetang.com
　　　　　地　　　址：北京清华大学学研大厦 A 座　　　邮　　编：100084
　　　　　社 总 机：010-83470000　　　　　邮　　购：010-62786544
　　　　　投稿与读者服务：010-62776969, c-service@tup.tsinghua.edu.cn
　　　　　质 量 反 馈：010-62772015, zhiliang@tup.tsinghua.edu.cn
印 装 者：涿州市般润文化传播有限公司
经　　销：全国新华书店
开　　本：170mm×240mm　　　印　　张：17.5　　　字　　数：294 千字
版　　次：2015 年 8 月第 1 版　　　印　　次：2025 年 4 月第 2 次印刷
定　　价：69.80 元

产品编号：066264-02

前　言

如何能从市场中快速稳定地获取利润？这是受世风影响进入了这凶险的投资市场中的投资者经常会问的问题。而他们只知其然，却不知其所以然。以为这是一部快速安全的提款机。但是，市场的运行有其自身规律，铁口直断地预测第二天的走势，属于无稽之谈。而投资者往往只关心明天的行情走势如何，总问得让人哭笑不得，不知如何作答。

为什么编写本书

技术分析博大精深，流派众多，关于经典的技术分析方法的书籍更是浩如烟海，从哪里作为技术分析方法讲解的切入点，便成了首要问题。面对绝大多数中小投资者的困惑，我们思之再三，决定讲解经典和基础的K线图分析方法，由浅入深。希望能够对新入市的投资者提供些许帮助。

本书是应朋友之邀而作，书中虽然仅以K线图为基础进行了讲解和分析，但其中不乏个人的经验总结。如果读者能够从中获得些许收益，并且对于其交易确实起到了正面积极的帮助，我们心中会获得较大安慰，这也是我们最想看到的结果。

本书的写作思路

本书先以辅助分析工具着手，重点讲解了K线图有关的技术分析手段，作为铺垫，在讲解K线图形态的过程中，从周线、日线的趋势判断着眼，做到以大局为重；从日线级别做到对趋势的跟踪，找到大致的交易点；从小时线着手，找到精确的入市或出市时机，层层剖析。这样，读者不但鸟瞰了全局，还可学会在细微处力求精准，从多角度来看待问题。尼德霍夫说："看待问题的角度，会影响你看待问题的广度和深度。"但是，我们在此也要说明一点，性格也决定了操作的成败，技术是末节。心理素质和相对正确的人生观和价值观，直接从更深的层次，决定了你今后在投机市场中能走多远。技术分析是赠与有缘人的，也许其中的某些分析方法与你的人生观和价值观不相符，但是希望你能从中找到一种适合于自己的方法，为己所用。

许多朋友参看过一些有关K线图的书籍，但并未进行深入的思考和研究，以至于盲人摸象，似是而非，最终只窥探到局部，却以为自己洞观了全局。我们针对这一问题，着重讲解了K线图形态的有关验证方法，力求其操作准确度能够大大提高。最后一章的K线图总汇中，针对中小投资者朋友热衷于实战的这一心理特点，我们竭尽所能地针对其所发生的信号，一一进行详尽的讲解，期望读者朋友们能够从中获益或有所启发。

不要以为基础的K线图技术分析方法是简单的，其实它真实地反映了交易者心理的变化。毫不夸张地说，这也是一门心理学艺术。江山易改，禀性难移，存在就是有道理的，K线图分析方法流传至今已有数百年历史。学好K线图，便如打下了坚实牢固的内功基础，所谓飞花摘叶亦可伤人。但是如果一知半解，反而会自食苦果。

笔者经验

在任何一个风险投资市场当中，没有专家，只有赢家和输家，判断你是否成功，输赢就是判定的标准，高手和低手不是凭嘴说出来的，而是靠真实的账面盈利来体现的，虽然我们从事这一行业十载有余，也是君子终日乾乾，不敢稍有怠慢，始终如一地以敬畏之心面对市场。

根据技术分析来进行实盘操作，技术分析只是提供概率较大的一种倾向，例如突破重要支撑或阻力位，破位是技术分析，不破位同样是技术分析，关键在于如何看待技术分析，如何面对技术分析所带来的成败结果。

在实际操作当中，没有十全十美的操作，只要利润能够大于亏损，就是一名成功的交易者。在心理方面，不要追求完美，任何完美都是有缺陷的，因为不完美，而成就了它的完美，也正因为它是完美的，所以包含着不完美。这是一个哲学问题。

　　本书占用较大篇幅来讲解K线图和由K线图组成的价格形态的分析方法，由于篇幅所限，本书侧重于这一点，其他经典技术分析方法，敬请关注我们的其他著作。抛砖引玉，若本书中有不尽如人意之处，敬请理解和谅解。最后祝读者朋友们交易成功！

　　本书由郝畅（笔名财聚龙头）组织编写，同时参与编写的还有陈浩、黄维、金宝花、李阳、程斌、胡亚丽、焦帅伟、马新原、能永霞、王雅琼、于健、周洋、谢国瑞、朱珊珊、李亚杰、王小龙、张彦梅、李楠、黄丹华、夏军芳、武浩然、武晓兰、张宇微、毛春艳、张敏敏、吕梦琪，在此一并表示感谢！

目　　录

第1章　新股民入市必读

第2章 经典K线理论详解 📈

第3章　K线的买进信号

第4章　K线的卖出信号

第5章　价格形态的买点

第6章　价格形态的卖点

第7章　趋势线的买卖信号

第8章　移动平均线的买卖信号

第9章　K线与其他指标配合使用

第1章　新股民入市必读

随着生活水平的不断提高，大部分人的收入都比以前有了一定的增长。除了必备的生活开销，许多人手中剩余的资金也越来越多。那么应该利用这些剩余的闲置资金呢？如何让这些闲置资金保值、升值呢？我们常见的投资选择有储蓄和股票两种。将剩余资金放到银行里，每月获得的固定利息是微薄的，甚至赶不上物价的涨幅，因此储蓄这一投资方式很难使货币保值，甚至可能贬值。而股市是财富保值增值的一个好途径，股市的入门条件很低，要求的资金量不大，几千甚至几百元均可进行。因此，有必要简单介绍一下股市和股票的相关知识，使想在股市进行投资的人对证券有宏观的了解。

📈 1.1　开户

如果想在股市进行交易，首先要到证券公司开户，然后才能在股市进行交易。进入股市并不难，门槛也比较低。比如一只股票市场价格为4元，我们买最少的数量1手，也就是100股，仅400元。需要投资者的资金是有限的，只是获得了一个交易资格才能去交易。因此，我们首先要了解与开户相关的知识。

1.1.1　投资者的必备条件

目前，我国有两个股票交易所。一个是上海证券交易所，一个是深圳证券交易所。我们只能到证券公司去开户，证券公司是连接投资人和证券交易所的中间商。一般而言，只要年满18周岁的人都可以到证券公司去开户。但是，证券公司的职员及证券公司的从业人员都要在相关网站进行备案，他们自己是不能进行股票交易的。

1.1.2　如何开通股票账户

开通股票账户实际上需要开立股东和资金两个账户。一般而言，投资人须携带本人身份证亲自到证券公司填写申请表，开立股东账户。上海股票账户每户40元，深圳股票账户每户50元。因此，开立股东账户一般要收取90元的费用。但是，证券公司众多，竞争也很激烈，很多证券公司为了吸引投资者在本公司开户，往往减免开户费，甚至赠送礼品。证券公司收到客户填写的申请表后，进行开户操作，并发放投资人股东账户卡两张，一张为上海股票账户，另一张为深圳股票账户。股东账户是投资人买卖股票的有效凭证，一个投资者只能拥有一个股票账户。在股票买卖交易、过户时，所填写的代码均为股东账号。

资金账户是投资人委托股票买卖时需要存放资金的账号。任何想进行股票交易的人，都必须到一家银行开设一个第三方存管的银行账号，这是委托股票买卖资金专用账户。一般而言，目前主要的银行都有第三方存管的业务。

1.1.3　交易方式

股票的交易方式有很多种，比如电话委托、网络委托等。但是目前较为流行的、用得较多的交易方式是网上交易。在开立股票账户时，可以同时提出申请网络交易，下载证券公司专用的交易软件，在电脑上安装设置。一般而言，在网络环境进行交易，证券公司收取的费用比较低。

1.1.4　证券公司的选择

目前，这种公司有很多家，所收取的费用也不相同。一般而言，大型的证券公司，经营时间很长且有一定品牌和影响力的证券公司，收取的佣金和手续费比较高。规模较小且知名度不高的证券公司，收取的手续费和佣金也相对较低。因此，投资者可以根据自己的实际情况选择适当的证券公司。

1.2　股票的交易规则

投资者想在股市上获利，首先必须要熟悉股市上的交易规则，只有按照并且遵循这些交易规则，才有可能获得较大的收益。

1.2.1　交易时间

目前，我国有上海证券交易所和深圳证券交易所，在两个交易市场上市的股票，交易时间相同，都是上午9:30～11:30，下午1:00～3:00。星期一至星期五开市，法定节假日和周六日不开市。

1.2.2 交易单位与报价单位

提到股票，人们自然会想到股是股票的基本单位，人们平时也常说手中买了多少股股票，但在实际交易时，最小的基本单位是手，1手是100股。在股市中进行股票买卖交易时，每次最少的买入量为1手，也就是100股。我们可以买入100股的整数倍，例如，可以买卖200股、300股、1000股股票，不能买入327股、623股等非100股的整数倍。但是卖出可以不是整数倍。

1.2.3 t+1制度

t+1制度是指，在我国上海证券交易所和深圳证券交易所上市的股票，当天买入的股票当天不能卖出，要等到第二天才能卖出。投资者卖出股票所获得的收益，当天不能提取，要等到第二天才可以提取，但是可以在卖出当天用该资金购买其他股票。

1.2.4 涨跌幅

为了防止证券市场上投机过度，我国证券市场对股票的涨跌幅度有一定的限制。股票价格不能无限地上涨和下跌，如果股票价格涨到涨跌幅度的上限，既称为涨停板。如果股票价格下跌到涨跌幅度规定的下限，既称为跌停板。股票的涨跌幅度是以上一交易日的收盘价为计算依据的，涨跌幅度为10%。当天股票的涨停板价格为上一交易日收盘价乘以110%，当天股票的跌停板价格为上一交易日收盘价乘以90%。对于ST类股票，涨跌幅度的限制为5%。也就是说，当天ST股票的涨停板价格为上一交易日收盘价乘以105%，当天ST股票的跌停板价格为上一交易日收盘价乘以95%。但是对于首日上市的股票来说，无论该股票是在上海证券交易所还是在深圳证券交易所，均没有涨跌停板的限制。

1.2.5 委托方式

我们进行股票交易时，不能直接进入证券交易所去发布交易指令，只能通过委托经纪商的方式来进行股票的买卖，因此我们需要给经纪商下达正确的交易指令，使其能够更好地按照自己的意图替我们买卖股票，以有利于我们的价格来成交。我们经常用到的委托方式有很多种，每一种都有自己的优点和局限性，因此，我们应该对常用的委托方式有一定的了解，使我们在不同的情况下选择不同的委托方式。

在交易过程中，最常用的一种方式是市价委托，也就是要求经纪商按照当时的市场价格买进或卖出股票。这种委托方式的优点在于，可以快速成交，基本上不存在交易不成功的情况。一般情况，当股市出现急速上涨或急速下跌的时候，投资人急于追涨或者急于抛出手中的股票免受更大的损失，大多采用这一委托方式。市价委托的弊端在于，投资人没有做出明确的价格规定，在下达委托单后，经纪商接受并执行委托有一定的时间间隔，因此，如果市场价格急剧变化，可能使成交的价格与投资人预想的价格有一定差距。

限价委托也是常用的一种委托方式，这种委托方式不同于市场委托，投资人需要给经纪商规定一个买入或卖出的交易价格。经纪商只能按照委托人规定的或者低于委托人规定的价格买入股票，也可以按照委托人规定的价格或者高于委托人规定的价格出售股票。但是，如果股票市场价格低于委托人的报价，则经纪商不能出售股票，如果市场价格高于委托人的报价，经纪商也同样不能给委托人买入股票。限价委托的优点在于，委托人可以按照自己的价位进场和出场，可以在一定程度上实现低买高卖，获得一定的利润。限价委托的缺点是，容易出现无法成交的情况，因为如果委托的报价与市场价格有一定分歧，委托单往往不能成交。

1.2.6　竞价规则

股市中，买入和卖出都不是一家，因此，必须有一定的规则来规范股票成交的先后顺序。目前，股市的竞价规则主要为价格优先和时间优先。以较高价格委托买入的优先于以较低价格委托买入的，以低价格卖出的委托优先于以较高价格卖出的委托。如果价格相同，则先提交的委托优先成交。也就是说，在买入股票时，高价优先成交；在卖出股票时，低价优先成交；无论买卖，如果价格相同，按照时间先后顺序，提交委托早的先成交。

1.2.7　交易费用

投资者在股市进行交易时有一定的交易成本，因为证券公司要收取一定的费用。这些费用主要包括委托费、佣金、印花税和过户费等。委托费一般是用于交易委托时支付通信方面的开支。委托费一般以交易的笔数来计算，上海证券交易所的股票，每笔收取5元；深圳证券交易市场的股票，一般每笔收取1元。佣金是交易者在委托买卖成交后支付给证券公司的费用，买进或卖出股票时都须支付。每个证券公司制定的佣金标准是不一样的，投资人在选择证券公司时需要首先有所了解。一般的佣金在万分之三左右，上海证券交易所上市的股票最低支付佣金为5元，深圳证券交易所上市的股票无佣金。尽管万分之三这一数字并不很大，但是如果我们频繁地在股市上进行交易，每个月所需支付的佣金也是不容忽视的。印花税是在买卖股票成交后需要支付给税务部门的税收。目前印花税是单边征收的，也就是说只有在卖出股票时需要缴纳印花税，在买入股票时不需缴纳，印花税税率为千分之一。

1.2.8　交割结算

股票交易者在发出买入或卖出的委托单后，证券公司还要完成结算和交割的程序。证券公司要从买方的账户中划拨资金，将资金划入到卖方账户中。同时将卖方账户下的股票登记到买方账户上。目前，已经不需要亲自去办理交割和股票的结算，证券公司的相关软件可以自动完成这些繁琐的程序，但是我们仍需要了解整个过程的运作。

📈 1.3　网络交易

随着计算机的普及，网络交易成为更多人选择的一种股票交易方式，投资者可以不必再把时间浪费在去证券交易大厅的路途中，在家登陆互联网就可以及时了解到当前的股市行情，并可以做出独立的判断，进行买卖的交易，并及时看到自己资金账户的变化。

1.3.1　网络交易的优势

网络炒股可以及时了解行情的变化，及时发出委托命令。例如，如果交易者突然发现有利于自己买进股票时，通过网络发出委托单要比通过电话委托的方式快很多，因此可以更好地抓住有利的价位。此外，一般通过网络交易所需要的佣金费用和手续费，要低于在股票交易大厅交易所需支付的费用。交易者在网络交易后，可以通过股票软件，及时查询到资金的变化，并及时查看自己名下的股票数量，可以在第一时间了解到委托单是否成交。

1.3.2　网络炒股的软件

每个证券公司都有自己的行情显示软件和股票交易软件，投资人可以从证券公司的网站上下载相关软件，来进行股票行情走势分析和委托交易。一般来说，投资人只能通过开户证券公司的交易软件才能进行股票交易，但是目前股市中也有一些通用的分析交易软件，例如同花顺软件，它集合了许多证券公司的交易入口，而且这些交易软件的行情分析工具更为强大，因此，投资人也可以选择这些通用的股票分析交易软件来进行股票走势分析和交易。

1.4　K线基础知识讲解

K线图是投资者必须掌握的基础知识，它以其特有的内在含义及形象的名称，在投资市场中发挥着非凡的作用。学习任何证券技术分析，都必须先学习K线知识，以K线为基础才能去架构和掌握更多的技术分析方法。

1.4.1　K线图概述

一个单位交易时间的四种基本要素都在K线图上有所体现，所以我们打开任何一款技术分析软件，首先映入眼帘的必然是K线图，配以移动平均线、成交量以及摆动指标，只要涉及技术分析，无论你是哪一个流派，都是以K线图作为基本分析工具的。有些人秉承了西方的技术分析流派，他们会选择竹节图作为基本的分析工具。这两种图孰优孰劣，我们可以做一下对比，如图1-1及图1-2所示。

图1-1　K线图示

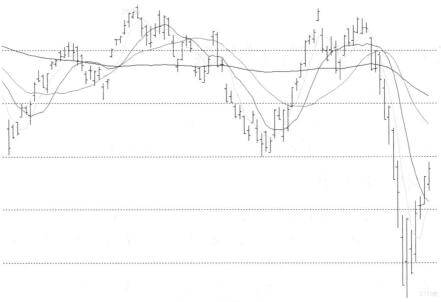

图1-2　竹节图示

通过这两幅图的对照可以看出，K线在视觉方面显得更加直观，更加饱满，开盘价和收盘价的位置更加明显，并且上涨与下跌的颜色不同，更便于分析者知晓这一天的价格运行轨迹。

通过K线的颜色，也反映了东方哲学的内涵。通常，K线在分析软件中上涨多以红色或白色来表示，下跌多以绿色或黑色来表示，这对于观察涨跌的变化非常直观明了，易于判断。

在后面章节中所要讲到的有关K线的形态分析时，甚至以这些K线的颜色来命名这些K线形态的名称，尤其是这类名称生动形象地反映了市场将发生的变化。假如你现在对K线图一无所知，请看一下这几例K线图名称，让你预测一下股市的后势变化，你是否能够做到观其名知其形？例如上吊线、曙光初现、乌云盖顶、流星线、前进白色三兵等。显然，曙光初现给人带来朝气和希望，预示着后势将上涨；乌云盖顶、流星线、上吊线等，充满了不祥的压抑征兆，预示着后势将要下跌。

1.4.2　上涨与下跌的K线画法

当一天的走势运行结束之后，收盘价高于开盘价时，代表股价在这个交易时间单位内是上涨的。在这个交易时间单位中，股价达到的最高点，称之为最高价；股价达到的最低点，称之为最低价；开盘价和收盘价之间，用矩形来表示，称为实体；最高价与最低价在矩形的中央，分别用两条线段来表示，叫做上影线和下影线。我们将这样的一根K线称为阳线。图1-3为这种阳线的内部走势与K线的表示形态。

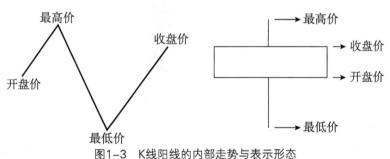

图1-3　K线阳线的内部走势与表示形态

与之相反的K线，在这个交易时间单位内，收盘价低于开盘价时，我们称之为阴线，中间用矩形表示的阴线实体，用黑颜色将它填实，表示该交易单位时间内是下跌的。如图1-4为阴线的内部走势与表示形态。

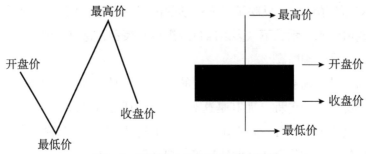

图1-4　阴线的内部走势与表示形态

1.4.3　长实体阳线与阴线的意义

　　长实体阳线往往代表市场强劲的涨势，说明市场情绪比较乐观，但若市场上涨的尾声出现，也许会另有其深意。例如高位天量长阳，则隐含着股市可能见顶的含义，这需要通过整体的技术分析和其他K线与之配合，才能得出概率较大的结论，单独一根长实体阳线，只能说明在这一单位时间内，上涨动能很强而已。

　　长实体阴线与之相反，代表着极其疲弱的走势，若出现于下跌趋势的尾升，并且成交量极少，有可能是下跌趋势的尾声，如图1-5所示。

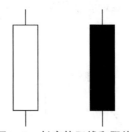

图1-5　长实体阳线和阴线

　　在极端情况下，这种涨势极强或是跌势极强的交易时间内，通常没有震荡走势，而是直接上涨或直接下跌。例如阳线，开盘价便是最低价，收盘价也是最高价；例如阴线，开盘价便是最高价，收盘价也是最低价。这种K线，我们称之为光头光脚阳线或阴线，较之于长实体阳线或阴线，具有更大的力度，如图1-6所示。

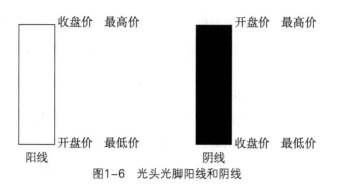

图1-6 光头光脚阳线和阴线

1.4.4 小实体K线的意义

小实体K线，相对来说，它的实体部分较小，上下影线也相对较小，我们将其称为星线。通常，这类K线表示市场多空双方，已暂时达成妥协，没有任何一方进行主动进攻，市场陷入暂时的休整状态，但是，如果这类K线与其他K线组合在一起，根据其出现的位置不同，则具有不同的意义。例如，黄昏之星是出现在市场顶部的反转形态，而启明星是出现在市场底部的反转形态，甚至可以与较长的阴线或阳线构成孕线形态。星线的用途很广泛，而K线分析的难点和重点也正是在于对星线的分析与使用。在前进白色三兵中，如果出现星线，则代表了后市向上的动能已经衰弱，市场极可能已陷入停顿状态，如图1-7所示。

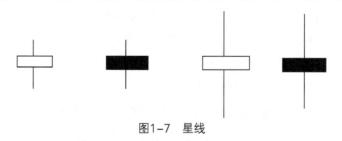

图1-7 星线

较长的上下影线，代表当日的交易情况比较激烈。若辅之以较大的成交量，说明当日的交易已经处于白热化。若出现在特殊的K线组合当中，则具有极其重要的参考价值。

1.4.5 具有长上影线K线的意义

长上影线，代表着该日交易中，多方首先将价格推高，但收盘前最终还是被空方压制而回，说明空方的力量要远远大于多方的力量，若出现在市场的顶端，则市场中看跌的意愿非常强烈。但出现在市场的底部，则具有向上反转的可能性。值得注意的是，我们一直在说的是可能性，它需要其他K线的辅助分析，才能将之定性。

例如流星线形态，便是出现在市场顶部的看跌反转形态。再如倒锤子线，便是出现在市场底部的看涨反转形态。此类形态出现在顶部的意义大于出现在底部的意义，因为这一类形态的实体较小，所以实体的颜色无关紧要。也就是说，它是阴线也好，阳线也好，并不影响作用的发挥。在这类形态中，重点要研究它的长上影线，如图1-8所示。

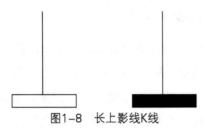

图1-8　长上影线K线

1.4.6　具有长下影线K线的意义

与具有长上影线K线成上下镜像的一种K线为具有长下影线的K线。当日交易中，空方首先将价格拉低，但最终收盘前，多方又将价格推回至开盘价水平附近，说明在市场的气氛中，买方的力量要多于卖方的力量。此类形态无论发生在市场的顶部还是底部，都具有比较强烈的反转意义。同样，这类形态的实体部分也很小，所以它的实体颜色也是无关紧要的，阴线或阳线在这里所代表的意义可以忽略，我们应将重点放在它的长下影线上。

例如，上吊线是出现在市场顶部的看跌反转形态。再如，锤子线是出现在市场底部的看涨反转形态，这类形态不论出现在市场的顶部还是底部，它们所具有的反转意义都是相同的，如图1-9所示。

图1-9　长下影线K线

1.4.7　无实体K线的意义

在市场中，与其他K线形态相比较，无实体K线是比较少见的。它的开盘价与收盘价是同一价位，通常被称为十字线，它具有非凡的意义，比普通星线具有更强的反转意愿，并且是这种K线的特质。如当其出现在市场顶部时，其反转意义较之于星线更为强烈，它代表市场买卖双方处于胶着状态，不分胜负，保持着极度微妙的平衡。如果这类形态出现在市场顶部，则说明买方力量不足以继续推动股价上涨，而抛盘力量有所增强，一旦空方抛盘力度增强，股价将毫不犹豫地向下急跌。同样，如果这类形态出现在市场的底部，那么一旦多方向上推动的力度增强，那么股价也将快速上扬。

由于价格自身重力的原因，这类形态的K线出现在市场顶部时，反转力度要大于底部反转，如图1-10所示。

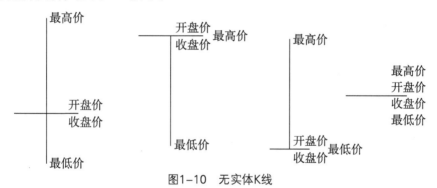

图1-10　无实体K线

图例中的只有上影线而没有下影线的星线，如果出现在市场的顶部，则称之为"死亡墓碑"。它的名字本身便具有不祥的征兆，属于流星线一类的反转形态，同时也具有了星线的意义，是更强烈的流星线形态。

只有下影线而没有上影线的K线，通常称之为"丁字线"，它的主要意义是出现在市场顶部或底部的反转预期作用，兼有了锤子线、上吊线和十字星线的多重含义。不论出现在市场的顶部还是底部，都不可掉以轻心。另外前面所讲述的这些十字星线，如果与之前的长阴线和长阳线共同组合，则称为十字孕线，当其出现在市场顶部或市场底部时，同样具有重要的意义，较之于普通孕线有更大的反转力量。

图中的"一字线"，往往代表着市场中极端的表现，为涨停或是跌停的情况。

综上所述，我们发现一种现象，以上所讲的这些图形，几乎囊括了所有可能出现的K线形态，将它们排列组合，再根据其在市场出现的位置加以判断，便会对后市的研判产生重要影响。市场是有语言的，K线便是市场语言的具体表现形式，读懂了K线的变化，也就读懂了市场变化。但是仅有K线的分析是不够的，其后还将讲解趋势线的作用与用法、移动平均线的作用与用法、常用摆动指标的作用与用法。

第2章　经典K线理论详解

K线是一种独特的技术分析方法，借助于K线，我们可以还原市场多空力量的真实交锋情况，也可以预测价格的后期走势。但是，对于普通投资者来说，往往只是把K线看作是价格走势的一种反映，而忽略了其所蕴藏的丰富的市场含义。究其原因，还是投资者对"技术分析"的理解不够深入、对"技术分析"的内涵无法把握。经典理论从不同角度各有侧重地阐述了股市的运行规律、运动方式，它们是思想的体现，也是方法的揭示。本章中，我们以技术分析领域中的经典理论为出发点，力图帮助读者全面提升技术分析水平，为随后利用K线进行实盘操作打下坚实的基础。

📊 2.1　趋势运行规律的系统论述——道氏理论

道氏理论（Dow Theory）是最为基础的技术分析理论，其理论是以论述市场趋势运行为核心，而"趋势运行规律"在技术分析领域又占据着核心地位。道氏理论开创了技术分析的先河，为后续的技术分析理论提供基础，最难能可贵的是，它指明了技术分析的研究方向，使杂乱无章且可靠性值得怀疑的技术分析方法不再是无源之水、无根之木。理解了道氏理论既可以让我们系统地理解股市的趋势运行规律，也可以让我们对技术分析的认识更进一步。

2.1.1　道氏理论的诞生

道琼斯公司的创立者查尔斯·亨利·道（1851～1902年）最早论述了道氏理论中所包含的一些经典思想，查尔斯·亨利·道创立了道琼斯公司，并且创设了用于反映股市整体走向的道琼斯指数，通过对道琼斯指数的研究，查尔斯·亨利·道发现了股市运行的"趋势性"特点，他将所发现的内容进行整理并发表在相关的报纸、杂志上，但却并没有系统性地对股市的趋势运行规律进行总结。

查尔斯·亨利·道去世之后，威廉姆·皮特·汉密尔顿（William Peter Hamilton）和罗伯特·雷亚（Robert Rhea）继承了道氏理论，他们所著的《股市晴雨表》、《道氏理论》成为后人研究道氏理论的经典著作，现在我们所看到的道氏理论正是查尔斯·亨利·道和威廉姆·皮特·汉密尔顿与罗伯特·雷亚这三人共同的研究结果。

注：查尔斯·亨利·道在1895年创立了道琼斯工业指数，这一指数主要是为了反映股市的总体走向，最初的道琼斯股票价格平均指数是根据11种具有代表性的铁路公司的股票，采用算术平均法进行计算编制而成。自1897年起，道琼斯股票价格平均指数开始分成工业与运输业两大类，并且开始在道琼斯公司出版的《华尔街日报》上公布。1929年又添加了公用事业股票价格指数，并一直延续至今。在道琼斯指数发布后，查尔斯·亨利·道以道琼斯为对象发表了一系列论述股市运行规律的社论，这就是道氏理论的最初雏形，1902年12月查尔斯·亨利·道逝世后，华尔街日报记者将其见解编成《投机初步》一书，从而使"道氏理论"正式定名。随后，威廉姆·皮特·汉密尔顿、罗伯特·雷亚继承并发展了道氏理论，从而使其系统化。

"道氏理论"的伟大之处在于其宝贵的哲学思想并为后人开启技术分析的大门，从此之后，许许多多的技术分析方法如雨后春笋破土而出，这些技术分析方法或多或少都参照了道氏理论。

2.1.2　道氏理论的三大市场假设

道氏理论的成立有三个前提假设，这三个前提假设显然为真，这也彰显了道氏理论的系统性、完备性，是经得起推敲的一种理论：

- 假设1：基本趋势运行方向不受人为操作的影响。道氏理论认为市场存在趋势运行的规律，这种规律是金融市场客观存在的，它就如同自然界中的客观规律一样，我们只能发现它、研究它，但却不能改变它，这种趋势运行并不以投资者的意愿、行为为转移，是我们应遵循的客观规律。

  （注：基本趋势是指价格的中长期运行方向，随后我们将进行讲解。）

- 假设2：市场指数走势会包容消化一切场内外因素。平均指数反映了无数投资者的综合市场行为，是股票市场的共同力量的数字化表现方式，市场指数每日的波动过程中包容消化了各种已知的可预见的事情，而且，市场指数永远会适当地预期未来事件的影响，如果发生相应的利好或利空事件，市场指数也会迅速地加以评估。没有这一假设，技术分析就无法站稳脚跟，技术分析在实盘运用过程中，其实就是通过分析已经呈现出来的市场行为来预测价格走向，如果已经呈现出来的市场行为无法包括影响价格走势的因素，那么，技术分析也就失去了意义。

● 假设3：道氏理论是客观化的分析理论。股市的运行并不以投资者的喜好和意志为转移的，道氏理论阐述的内容也是客观存在的规律，投资者应客观地遵循它，而不应不顾市场当前情况去进行主观臆断。

2.1.3 道氏理论的核心要点

道氏理论以股市的走向为研究对象，对于道氏理论的核心思想，我们可以将其概括为以下几点。

1. 股市走势依级别可以划分为：基本趋势、折返走势、短期波动

基本趋势也称为主要趋势，它是大规模的、中级以上的上下运动，这种变动持续的时间通常为一年或一年以上，并导致股价增值或贬值20%以上，基本趋势指明了股市运行的大方向。

折返走势是出现在基本趋势运行过程中，与基本趋势运行方向相反的中短期走势，折返走势对基本趋势有调整、休正作用，也对其产生牵制，一般来说，折返走势的持续时间相对较短，从数周至数月不等。

短期波动是指短短几个交易日内的价格波动，多由一些偶然因素决定，从道氏理论的角度来看，其本身并无多大的意义。

图2-1为基本趋势、折返走势、短期波动示意图，其基本趋势的运行方向是向上的，其中，从数字1～6的整个运行过程均隶属于基本趋势范围之内；而像数字2～3、或是数字4～5这样的走势为折返走势（在本示意图中，折返走势的方向向下、与基本趋势的运行方向相反）；而像从字母A到字母B的这小波动走势则属于短期波动。

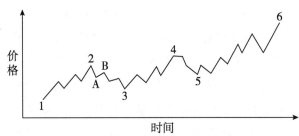

图2-1　基本趋势、折返走势、短期波动示意图

2. 股市走向依基本趋势运行方向可以划分为：上升趋势、下跌趋势、横盘震荡趋势

上升趋势即是我们常说的"牛市"，此时，基本趋势的运行方向向上，这种

趋势的运行特征一般为：在股市持续运行的过程中，每一个后续价位往往会上升到比前一个价位更高的水平，而每一次上升途中的回调所创下的低点都高于近期前一次上升过程中回调的低点。我们可以借用"波峰"、"波谷"这两个概念来形象地描述其运动过程，即：上升趋势就是一个"一峰高于一峰"、"一谷高于一谷"的整体性运动过程。

图2-2为上证指数2006年3月至2007年9月期间走势图，从走势图中可以看到，股市在长达一年半多的时间里，其整体运行方向明确——上升，这就是上升趋势。上升趋势是一个创造财富的市道，投资者若能正确理解趋势运行的规律并及时把握趋势运行情况，就可以分享牛市所带来的滚滚利润了。

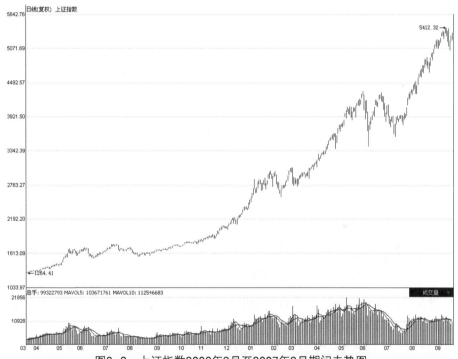

图2-2　上证指数2006年3月至2007年9月期间走势图

下跌趋势即是我们常说的"熊市"，此时，基本趋势的运行方向向下，这种趋势的运行特征一般为：在股市持续运行的过程中，每一个后续价位往往会下降到比前一个价位更低的水平，而每一次下跌途中的反弹上涨所创下的阶段性高点都低于近期前一次下跌过程中的反弹高点。我们可以借用"波峰"、"波谷"这两个概念来形象地描述其运动过程，即：下跌趋势就是一个"一峰低于一峰"、

"一谷低于一谷"的整体性运动过程。

图2-3为上证指数2007年10月至2008年11月期间走势图，从走势图中可以看到，股市在长达一年半多的时间里，其整体运行方向明确——下降，这就是下跌趋势。下跌趋势是一个财富不断缩减的市道，若我们不能正确地识别下跌趋势的出现，则我们的账户资金将极有可能出现巨额的亏损。如果说上升趋势是股市的魅力所在，那么，下跌趋势则是股市的风险所在。

图2-3　上证指数2007年10月至2008年11月期间走势图

横盘震荡趋势则是股市长时间地横向震荡运行，也是波峰与波峰交错、波谷与波谷交错的一种运动方式。

图2-4为上证指数2009年9月至2011年5月期间走势图，股市在此长达近两年的时间里并无明确的上升或下降，而是处于横向的宽幅震荡之中，这就是横盘震荡趋势。在横盘震荡趋势中，强势股恒强、弱势股恒弱，在实盘操作中，我们既要耐心地寻找强势股，也要结合股市的波动规律进行高抛低吸的短线操作。

图2-4　上证指数2009年9月至2011年5月期间走势图

3. 上升趋势可以分为多方力量积累阶段、持续上涨阶段、探顶阶段

任何一轮趋势，都是一个相对漫长的过程，上升趋势也不例外，上升趋势是一个财富不断增值的过程。对于中长线投资者来说，在上升趋势形成初期买股并一路持有是一种最佳的操作方案。为了更好地帮助投资者理解升势的运行过程、把握升势的出现，道氏理论对上升趋势做了进一步的划分，将其划分为三个阶段：多方力量积累阶段、持续上涨阶段、探顶阶段。

- 多方力量积累阶段：多方力量积累阶段也称为筑底阶段。这一阶段往往都处于市场前期经过大幅下跌之后，当市场处于这一阶段时，个股的估值往往处于一种相对较低的状态，市场的交投也很可能处于一种相对不活跃的状态，但最坏的时候已经过去，而且，随着股市下行步伐的结束，越来越多的投资者会加快脚步入市，这也使得市场人气回暖、多方力量不断积累。在这一阶段，有远见的投资者意识到了形势即将扭转，从而买入那些不坚定投资者所抛出的筹码，这些新进入的投资者有着较强的看多、做多意愿，这为股市随后的突破上行积累了能量。

- 持续上涨阶段：经第一阶段的多方力量积累之后，由于经济企稳、企业盈利能力有所好转，或是政策力挺股市等利好消息的影响，大量的买盘资金开始加速入市，多方此时完全占据了主导地位，股市的上涨步伐也进一步得以加速。在这一阶段，股市的不断上涨是源于充足的买盘来推动的，对于这种市况，我们可借助于量价配合关系理解，在此阶段往往会看到"成交量会随着价格的不断上扬而出现同步放大的形态"，这种价量齐升的形态正是买盘十分充足的体现。一般来说，这一阶段的涨幅往往是惊人的，也正是在这一阶段，技巧娴熟的交易者往往会得到最大收益。

- 探顶阶段：这一阶段出现在上升趋势末期，是股市见顶前的冲刺阶段，也是多方力量的最后一次集中释放。在这一阶段，所有的市场信息都令人乐观，投资者情绪高涨，很多不熟悉股市的场外人士也开始加入进来，但过高的估值状态却是一个客观事实，随着股市泡沫的变大、买盘的枯竭，上升趋势也步入到了尾声。

4. 下跌趋势可以分为空方力量积累阶段、持续下跌阶段、探底阶段

下跌趋势是一个财富不断贬值的过程，对于中长线投资者来说，在下跌趋势形成初期，卖股离场以规避熊市风险，无疑是最好的一种选择。为了更好地帮助投资者理解跌势的运行过程、把握跌势的出现，道氏理论对下跌趋势做了进一步的划分，将其划分为三个阶段：空方力量积累阶段、持续下行阶段、探底阶段。

- 空方力量积累阶段：空方力量积累阶段也称筑顶阶段。这一阶段会与上升趋势的第三个阶段"探顶阶段"交织在一起。这一阶段往往出现在市场前期经过大幅上涨之后，当市场处于这一阶段时，个股的估值往往处于一种相对较高的状态，而且，由于前期的长久上涨，市场的潜在买盘力量也消耗殆尽。在这一阶段，多方不再占据优势，也无法继续推升股指上行，但由于很多持股者并无意识到升势的结束，因而，也没有进行集中抛售，多空双方处于焦灼状态。但随着震荡走势的持续，越来越多的投资者就会意识到顶部的出现，从而选择卖股离场，股市也将破位下行。

- 持续下行阶段：经第一阶段的空方力量积累之后，由于宏观经济面不稳、企业盈利能力不如预期的好或是出现整体性下滑，大量的卖盘开始加速离场，空方此时完全占据了主导地位，股市的下跌步伐也进一步得以加速。在这一阶段，股市的不断下跌是源于抛压不断，而场外的买盘则多处于观望状态，无意入场。对于这种市况，我们可借助于量价配合关系理解，在此阶段往往会看到"成交量会随着价格的不断下跌而处于整体性缩量的形态"，这种价量齐升的形态正是卖盘不断涌出，但买盘没有承接意愿的体现。一般来说，这一阶段的跌幅往往十分惊人，前期牛市的成果，往往会跌去一半以上。

● 探底阶段：这一阶段往往与上升趋势的第一阶段"筑底阶段"交织在一起。这一阶段出现在下跌趋势末期，是股市见底前的下探阶段，也是空方力量的最后一次集中释放。在这一阶段，市场虽然仍弥漫着悲观情绪，但是，股市的整体估值状态却十分低，而且，前期的持续下跌也对空方力量进行了较为充分的释放，当前的这一次探底多源于偶然性的场外利空消息。

5. 成交量可以对趋势的运行进行有效验证

成交量是最为重要的一种盘口数据，它的主要作用就是可以体现出买盘的介入力度，或是卖盘的涌出力度，而买卖盘力量的变化情况正是趋势运行的动力所在，因而，成交量可以用于验证股市的趋势运行情况。在不同的趋势运行状态下，量能会呈现出一些典型的形态，透过量能形态的变化，再结合价格的总体走向，我们就可以更好地把握市场节奏的变化，从而准确揭示出趋势运行情况。

如图2-5为上证指数2006年9月至2007年6月期间走势图，股市在此期间处于明确的上升趋势，而期间的成交量也随着指数的节节攀升而不断上扬，呈现出一种价与量齐升的形态，这种量价齐升的形态正是上升趋势中最为典型的量能形态，它说明市场买盘充足，是升势稳健可靠且仍将持续下去的信号，透过这种典型的量能形态，我们就能更好识别出当前的趋势运行情况了。

图2-6为上证指数底部区放量形态示意图，如图中标注所示，股市在经历了长期下跌之后，在低位区出现了企稳的走势。如果仅凭K线走势，我们难以判断这究竟是下跌途中的整理平台还是底部区。但是结合量能形态的变化，我们能得出较为准确的结论，这就是底部区。因而，利用成交量，我们可以有效地检查趋势运行情况，从而为实盘操作提供依据。

上证指数(日线.前复权) MA5: 4177.42 MA10: 4092.31 MA20: 3992.63 MA60: 3445.45

图2-5　上证指数2006年9月至2007年6月期间走势图

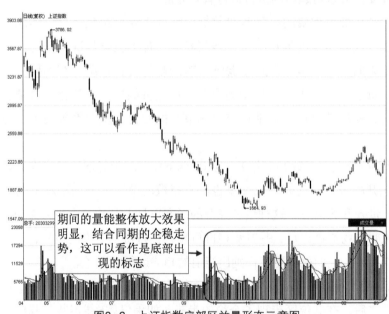

期间的量能整体放大效果明显，结合同期的企稳走势，这可以看作是底部出现的标志

图2-6　上证指数底部区放量形态示意图

6. 一轮趋势具有极强的持续力，直至反转信号出现时

　　趋势的运行方向不会突然转变，一轮趋势从诞生、形成到发展，它是一个有机的运行过程，也具有极强的持续力，不会在中途突然转向，因而，盲目地预测

顶部与底部并不可取。但一轮趋势也有终结的时候，在趋势即将转向时，并不是毫无征兆的，而是有明确的反转信号，依据反转信号，我们还是可以有效地把握底部与顶部。

从股市的实际运行方式来看，预示着一轮趋势结束或即将结束的反转信号有很多种，例如：上升趋势末期经常出现的量价背离形态、经典的顶部K线组合形态等，下跌趋势末期经常出现的量能温和放大形态、经典的底部K线组合形态等，都属于明确的反转信号。

这一点也可以说是道氏理论的所有内容中与我们实盘操作最紧密相关的，它指出：我们不应希冀自己成为市场的超人，而应客观地观察市场所发出的各种信号，并以此来判断趋势是否见顶或见底，从而展开操作。只有这样才能更好地进行顺势而为的操作，才不至于在上升趋势中过早地卖出或是在下跌途中过早地抄底入场。

图2-7为上证指数2007年9月至2008年6月期间走势图，股市在2008年开始步入到了下跌趋势中，如图中标注所示。当股市运行至2008年6月份时，虽然相对于前期最高点位已有50%的跌幅，但此时出现的短暂整理走势从技术面来看并不是预示着底部出现的反转性信号，因而，不宜抄底入场。如果此时买入的话，后面迎接我们的将是另一波50%的下跌走势。

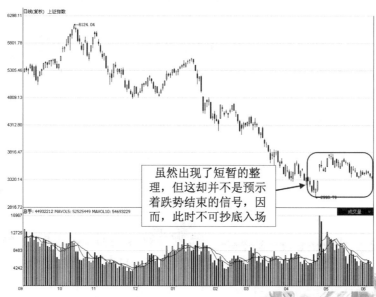

虽然出现了短暂的整理，但这却并不是预示着跌势结束的信号，因而，此时不可抄底入场

图2-7　上证指数2007年9月至2008年6月期间走势图

2.1.4 综合运行道氏理论

道氏理论虽然是以股票市场的走向作为研究对象的，但这并妨碍这一理论的"通用性"，其实，道氏理论所阐述的趋势运行规律同样适用于分析个股的走势。"趋势运行规律"是金融市场的客观规律，它不仅体现在股市的走向上，同样也体现在个股的走向上。

图2-8为哈投股份2005年12月至2008年11月期间走势图，此股在长达三年的时间里，经历了一个上升趋势、一个下跌趋势，这两个基本趋势的表现形式是十分鲜明的，这正是趋势运行规律在个股身上的完美体现。对于此股来说，当我们身处个股走势中时，由于其上升趋势的运行较为流畅，方向感明确，因而也更好识别；而下跌趋势由于其运动方式是一波三折的，相对来说更难识别。但如果我们能从宏观的角度深刻领会到趋势运行的本质，在实盘操作中，还是可以及时、准确地辨识出它的趋势运行情况的。

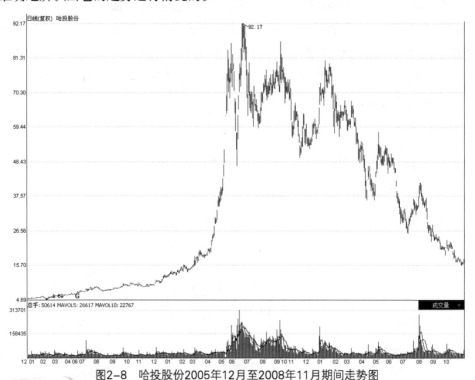

图2-8　哈投股份2005年12月至2008年11月期间走势图

📈 2.2 趋势运行细节的描述——波浪理论

道氏理论详尽地论述了股市趋势运行的规律，而"趋势"正是技术分析的核心要素，基于道氏理论所打下的良好基础，其他各种技术分析思想、技术分析方法也纷纷出现。其中，波浪理论（Wave Theory）是继道氏理论之后最为著名的一种。

道氏理论虽然阐明了趋势运行规律，并没有论述趋势运行的细节，投资者可以借助于道氏理论理解这种趋势运行规律，却难以用其把握趋势运行。波浪理论正是在此基础之上而展开的，波浪理论以道氏理论为基础，进一步论述了趋势的具体运行方式。

2.2.1 什么是波浪理论

波浪理论也称为艾略特波段理论，它是美国证券分析家拉尔夫·纳尔逊·艾略特（R.N.Elliott）在研究道琼斯工业指数走势后，所提出的一种形态类理论。通过对道琼斯工业指数走势的研究，艾略特发现股市的走势呈现出一种"自然的韵律"，这种"自然的韵律"其形态就如同大海中此起彼伏的波浪，而且，这些波浪的运动形态是有其客观性的，为了揭示这种隐藏在价格走势表面下的"内在规律"，艾略特用了大约十年的时间潜心研究，才最终完善了这一具有基石意义的技术分析理论。

波浪理论认为，金融市场中的价格波动形态（无论是期货市场，还是股票市场）都呈现波浪运动方式，一浪跟着一波，周而复始，具有相当程度的规律性。艾略特精炼出市场的13种形态（Pattern），在市场上这些形态重复出现，但是出现的时间间隔及幅度大小并不一定具有再现性。而后他又发现了这些呈结构性形态的图形可以连接起来形成同样形态的更大图形。这样提出了一系列权威性的演绎法则用来解释市场的行为，并特别强调波动原理的预测价值，这就是久负盛名的艾略特波段理论，又称波浪理论。

波浪理论认为，股市的上升趋势与下跌趋势是交替出现的，一个大的升势之后将会出现一个大的跌势。股市运行形态是以"波浪"的方式呈现出来的，其中，推动浪与调整浪是最为基本的两种波型，波浪可以拉长，也可以缩短，但其基本形态永恒不变，市场会依照其基本形态发展，时间的长短并不会使其改变。推动浪是与趋势运行方向一致的、规模较大的浪，而调整浪的规模则相对较小且与趋势运行方向相反。

波浪理论的核心内容体现在对于一轮完全牛熊交替走势的运行形态描述上，波浪理论认为："5升3降的8浪运行方式构成一个完整的循环"，其中，上升趋势包含5个浪、下跌趋势则包含3个浪。

2.2.2 一轮牛熊交替走势的运动方式

波浪理论认为：一个完整的牛熊交替走势是以5升3降的8浪运行方式呈现出来的。这是波浪理论的核心内容，也是我们学习波浪理论的重点所在。图2-9为5升3降的8浪运动形态示意图。其中，前5浪是代表着上升趋势，后3浪则代表着下跌趋势。从图中可以看出，其中第1浪至第5浪所累积的上涨幅度要相应地高于第a浪至第c浪累积的下跌幅度，这与波浪理论的一条前提假设有关——人类社会是永远向前发展的。"人类社会是永远向前发展的"这一假设应用于金融市场就体现为上升趋势的累计涨幅要大于下跌趋势的累计跌幅。

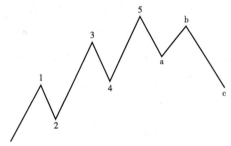

图2-9 为5升3降的8浪运动形态示意图

理解了这8浪的运行过程，我们就可以更好地把握趋势运行细节，下面我们就来看看这8个浪所代表的市场含义：

第1浪：第1浪多是属于营造底部形态的一浪，经常出现在底部盘整之后。此时，市场中多方力量还不是很强劲，但空方却已开始处于劣势；由于第1浪往往出现在深幅下跌后的低位区，市场中仍弥漫着空头氛围，因而，大多数投资者并不会马上意识到上升波段已经开始，往往误将其看作是下跌途中的反弹上涨走势，从而进行"逢高"卖股操作，这使得第1浪的上涨幅度相对较小，而随后的回档幅度很深。从股市的走势上来看，第1浪的持续时间也较短。

第2浪：第2浪是对第1浪的调整，此时市场的做多动能尚未有效聚集，这就使得第2浪具有较大的杀伤力，实际走势中调整幅度也较大，但一般来说，它不会调整到第1浪上涨之初的位置。第2浪的特点是成交量逐渐萎缩，波动幅度渐渐变窄，反映出抛盘压力逐渐衰竭。第2浪与第1浪均可视作营造底部的波浪，这两个浪往往会组合成一些经典的底部K线形态，如：头肩底、双重底等。

第3浪：第3浪属于上升趋势的主推动浪，也是上升趋势中最具爆发性的一浪，它的涨势最凌厉，上涨幅度往往也是最大。经第1浪的突破上冲、第2浪的回调整理，多方力量再度进一步汇聚，在第3浪中，随着指数的不断上涨、市场人气不断恢复，此时的多方已完全占据了市场的主导地位，在加速涌入的买盘资金推动下，股市开始向上快速运行。第3浪在发展过程中，常常会在图形上出现势不可挡的跳空缺口向上突破，给人一种突破向上的强烈讯号。除此之外，我们还可以通过盘面形态来识别第3浪的出现。一般来说，在第3浪运行过程中，往往会出现典型的"量价齐升"形态，这是市场买盘极其强劲、股市上涨动力充足的体现，也是上升趋势正处于加速阶段的体现。

图2-10为上证指数2006年2月至2007年11月期间走势图，如图中标注所示，当股市运行至第3浪时，我们可以看到指数的上涨走势气势如虹，且同期的量价齐升配合形态也十分鲜明，这些盘面形态都是帮助我们识别第3浪的重要依据。

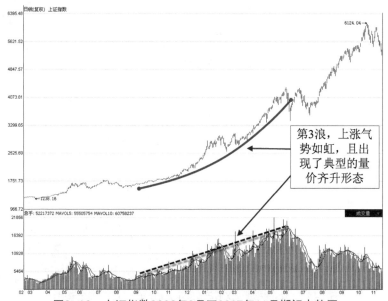

图2-10　上证指数2006年2月至2007年11月期间走势图

第4浪：第4浪是行情大幅涨升后的调整浪。由于第3浪的过快上涨，上涨幅度过大，势必使得股市积累较多的获利盘，这些获利抛压不得到有效的释放，股市的上升趋势就会阻力重重、难以为继，第4浪的出现正是源于此。一般来说，第4浪的运行结束点，一般都较难预见。同时，投资者应记住，第4浪的浪底不允许低于第1浪的浪顶。

第5浪：在股市的趋势运行中，第5浪是三大推动浪之一，但其涨幅在大多数情况下比第3浪低。第5浪的特点是市场人气较为高涨，往往乐观情绪充斥整个市场。但由于此时的市场买盘已经出现了相对的不足，因而，第5浪的上涨走势虽然迅急，但我们却很难看到那种预示着多方力量强劲、买盘充足的"量价齐升"形态出现，取而代之的是"量价背离"形态（即：在大幅上涨后的高位区，虽然价格走势在一波快速上涨中又创出了新高，但这一波上涨走势的平均成交量却要明显地小于前期上涨走势的均量）。这种量价背离形态正是买盘趋于枯竭、升势即将见顶的明确信号。

图2-11为上证指数2006年4月至2007年10月期间走势图。如图中标注所示，在持续上涨后，股市进入了第5浪，虽然此时的上涨走势依旧迅急，但却已出现了预示着顶部的反转信号。对于本例来说，这一反转信号就是：量价背离形态。

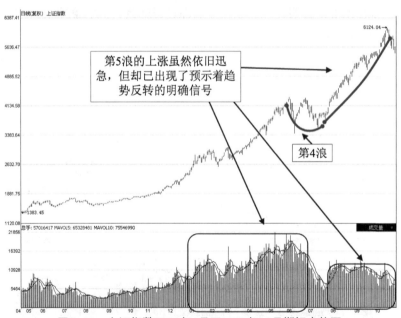

图2-11　上证指数2006年4月至2007年10月期间走势图

a浪：a浪是紧随着第5浪产生，虽然这一浪的调整幅度相对较大，但由于它的前期走势是令人惊喜的大牛市行情，因而，很多投资者此时毫无防备之心，只将其看作为一个短暂的调整。但是，在这一浪中，空方力量却已开始逐步占据了市场主导地位，空方力量也正在积累。

b浪：b浪是a浪过后的一个小反弹浪，这一浪很容易让投资者误以为是新一轮创新高走势即将展开的信号，从而买股入场，其实，这只是一个"多头陷阱"，由于市场此时的估值状态已经过高，买盘也趋于枯竭，因而，股市是难以再度突破上行的。在实盘走势中，b浪的反弹上涨会引发量能的相对放大，但如果对比第3浪或第5浪的量能，b浪的量能就会显得较小，这正是市场买盘资金趋于枯竭的表现形式。

c浪：紧随着b浪而后的是c浪，由于b浪的完成顿使许多市场人士开始醒悟，前期的牛市行情已然结束，期望继续上涨的希望彻底破灭，此时，持股者手中的筹码不再稳定，大多数的持股者都有较强的卖股意愿，场外买盘也不愿高位接盘，市场观望气氛浓重，因外界的利空消息或是某些大型机构的抛售，市场抛盘开始大量地涌出，大盘开始全面下跌，从性质上看，其破坏力较强。

图2-12为上证指数2005年8月至2008年11月期间走势图，股市在长达三年多的时间里出现了一轮牛熊交替走势，这一轮的牛熊交替走势正是以"5升3降"的8浪运行方式呈现出来的，如果我们很好地理解并掌握波浪理论，就可以在趋势运行过程中，及时准确地识别市场当前处于何种状态，从而为我们进行实盘操作打下基础。

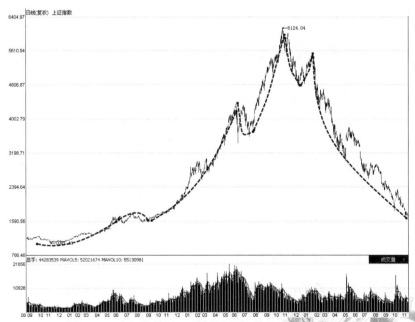

图2-12　上证指数2005年8月至2008年11月期间走势图

2.2.3　如何数浪

波浪理论的内容并不难理解，但要想运用波浪理论来分析股市运行情况，却有相当的难度。在股市的运行过程中，价格走势并非是以泾渭分明的一浪又一浪呈现出来的，而往往是大浪套小浪、小浪套细浪，这使得数浪的难度大增，因而，想要更好地运用波浪理论，我们就要学会如何数浪，以下是艾略特总结出来的数浪规则。

- 第3浪永远不能是前5浪中最短的一浪。一般而言，第3浪是整个上升趋势中持续时间最长、上涨幅度最大的一浪。利用这一原则，我们可以更好地把握第3浪。
- 第4浪的底部不能低于第1浪的顶部。这一规则可以帮助我们有效地识别何为第4浪，也可以帮助我们看清上升趋势所处的位置区间。
- 交替规则。相同方向的两个浪，其形态的构造是简单与复杂交替出现。例如，第2浪若以简单的形态出现，则第4浪多数会以较为复杂的形态出现；第1浪若以简单的形态出现，则第3浪多数会以较为复杂的形态出现。
- 延长规则。1、3、5浪中只有一浪延长，其他两浪长度和运行时间相似。

📈 2.3　顺势而为的操作之道——箱体理论

箱体理论是由达韦斯·尼古拉（Darvas Nicola）在美国证券市场投资的过程中所创造的一种理论，达韦斯·尼古拉是一位传奇式的人物，他在短短的3年时间里，就利用手中的3 000美元本金赚得了200万美元，箱体理论即是他通过对自己的买卖方法加以总结而得出的一套实战性理论。这一理论所论述的操作方法完全是建立在趋势发展方向上的，因而，达韦斯·尼古拉的成功也从某种角度验证了"趋势"这一客观规律的存在。

2.3.1　什么是箱体理论

所谓箱体，是指股票在运行过程中，形成了一定的价格区域，即股价是在一定的范围内波动，这样就形成一个股价运行的箱体。达韦斯·尼古拉认为价格走势是以箱体运行的方式呈现出来的，当价格上升到箱体的顶部时会受到卖盘的压力，而当价格滑落到箱体的底部时会受到买盘的支撑；一旦价格走势有效地突破原箱体的顶部或底部，价格就会进入一个新的箱体里运行，原箱体的顶部或底部将成为重要的支撑位和压力位。

图2-13标示了升势中的价格走势是如何以箱体的方式实现运行的。图2-14标示了跌势中的价格走势是如何以箱体的方式实现运行的。图2-15标示了盘整趋势中价格走势是如何以箱体的方式实现运行的。

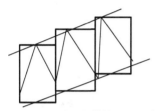 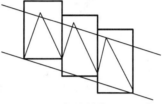 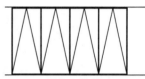

图2-13　升势中箱体运行方式　　图2-14　跌势中箱体运行方式　　图2-15　横盘中箱体运行方式

2.3.2　运用箱体理论展开交易

箱体理论所阐述的内容较为简单，读者也很容易理解，那么在实盘操作中，我们应如何利用这一理论来指导我们的交易呢？利用箱体理论进行交易，其关键之处就在于价格走势是否能突破原有的箱体区域。在价格走势震荡上行的过程中，若价格走势在一波上涨中创出了新高，则往往预示着升势仍没有结束，此时，我们可以在价格随后的回调过程中逢低买入；在价格走势震荡下行的过程中，若价格走势在一波下跌中创出了新低，则往往预示着跌势仍没有结束，此时，如果我们参与了短期博取反弹操作，则应在随后的反弹走势中逢高卖出。

图2-16为大橡塑2008年10月至2009年8月期间走势图，个股在此期间处于震荡上扬走势，我们在实操中往往很难把握这种整体上行的趋势运行状况，但是，利用箱体理论的操作方法，我们则很容易把握买点的出现。如图中标注所示，当个股在一波上涨走势中创出了新高，这意味着升势仍将持续下去，此时，我们不妨在个股随后回调时的阶段性低点买股入场，以分享升势的成果。

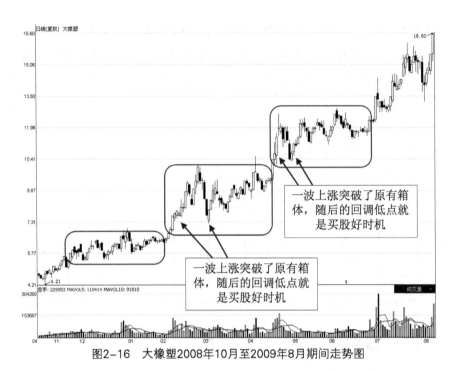

图2-16 大橡塑2008年10月至2009年8月期间走势图

（图中标注文字）一波上涨突破了原有箱体，随后的回调低点就是买股好时机

（图中标注文字）一波上涨突破了原有箱体，随后的回调低点就是买股好时机

　　图2-17为华丽家族2008年10月至2009年7月期间走势图，如图中标注所示，当个股因一波上涨走势而突破原有箱体上沿后，就预示着升势仍将持续下去，此时，个股回调后的阶段性低点均是较好的中短线买股点。

　　图2-18为ST珠江2008年11月至2011年3月期间走势图。此股在快速上涨后的高位区出现了持续的震荡走势，但是在震荡走势过程中，个股却难以有效地突破原有箱体上沿，这是前期升势结束的标志之一。在实盘操作中，此时就不宜再做中长线的持股待涨操作，而应逢高卖股离场。

　　图2-19为东睦股份2008年1月至11月期间走势图，如图所示，个股在此期间处于震荡下降走势，我们在实操中往往很难把握这种整体下行的趋势运行状况，但是，利用箱体理论的操作方法，我们则很容易把握卖点的出现。如图中标注所示，当个股在一波下跌走势中创出了新低，这意味着跌势仍将持续下去，此时，我们不妨在个股随后反弹时的阶段性高点卖股离场，规避熊市持续运行所带来的风险。

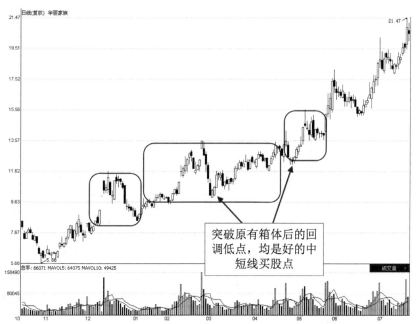

突破原有箱体后的回
调低点，均是好的中
短线买股点

图2-17　华丽家族2008年10月至2009年7月期间走势图

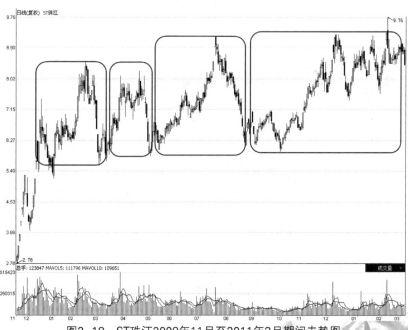

图2-18　ST珠江2008年11月至2011年3月期间走势图

图2-19　东睦股份2008年1月至11月期间走势图

2.4　量在价先的经典解读——量价理论

成交量蕴含了丰富的市场信息，美国著名的投资专家格兰维尔曾经说过：
"成交量是股票的元气，而股价是成交量的反映罢了，成交量的变化，是股价变
化的前兆。"格兰维尔极为重视成交量的作用，他系统性地总结出了8种最为常
见的量价配合关系，这8种量价配合关系也就是我们常说的量价理论。

2.4.1　量价齐升形态

量价齐升形态是指：在震荡上扬的上升途中，随着价格走势在一波上涨中创
出新高，这期间的成交量也同步创出了新高，呈现出价格不断创出新高、量能也
不断放大的形态。

这一量价配合关系多出现在上升趋势的主升浪阶段，它是市场买盘充足、升

势仍将持续的标志，此时，我们宜持股待涨。

图2-20为东风科技2006年8月至2007年5月期间走势图，如图中箭头标注所示，随着此股步入升势，在其快速上扬阶段，可以看到，随着价格走势不断创出新高，其量能也同步不断放大，这种价与量齐升的形态就是量价齐升形态。

图2-20　东风科技2006年8月至2007年5月期间走势图

2.4.2　量价背离形态

量价背离形态是指：在持续上涨后的高位区，个股在一波上涨走势中创出了新高，但是这一波上涨走势中的成交量却明显小于前期上涨走势时的量能，即：在价格创新高的时候，成交量却相对缩小。

量价背离形态多出现在持续大涨之后的高位区，是多方力量趋于不足、上升趋势难以为继的信号，在实盘操作中，如果个股在量价背离形态中的一波上涨走势较为迅急，这有可能是上升趋势末期的最后一波冲刺，既预示着顶部的出现，也是我们中长线逢高卖股的信号。图2-21为量价背离形态示意图。

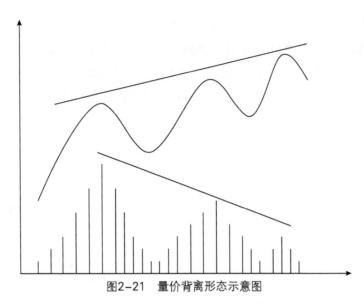

图2-21　量价背离形态示意图

　　图2-22为华夏银行2006年8月至2007年10月期间走势图，如图中标注所示，此股在大幅上涨后的高位区间再度出现一波快速上涨走势。虽然这一波上涨走势较为迅急且创出了新高，给人一种升势凌厉的感觉，但是同期的成交量却

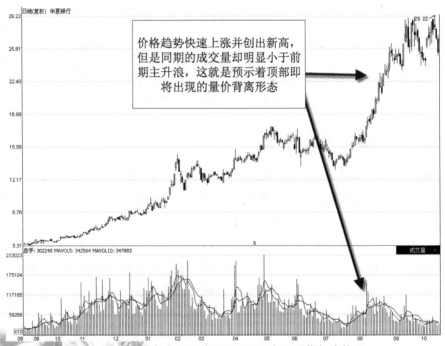

价格趋势快速上涨并创出新高，但是同期的成交量却明显小于前期主升浪，这就是预示着顶部即将出现的量价背离形态

图2-22　华夏银行2006年8月至2007年10月期间走势图

明显小于前期主升浪，这就是预示着顶部即将出现的量价背离形态。这种形态说明市场多方推动力已经大幅减弱，升势的根基不再牢靠，此时，我们应在个股的快速上涨走势中逢高卖股。图2-23标示了此股2007年10月之后的走势情况。

图2-23　华夏银行2007年10月至2008年10月期间走势图

2.4.3　价升量减形态

价升量减形态是指：在价格走势的一波上涨阶段，成交量起初很大，但是随着这一波上涨走势的持续，成交量却不断缩小，呈现出"价在不断上升、量在不断降低"的配合关系。一般来说，这一量价配合关系相对少见，它更常见于个股因利好消息而突然性地放量上涨，但追涨买盘却逐渐减弱的这种市况，这种形态主要用于指导我们的短线卖股操作。

图2-24为美克股份2009年4月7日至2009年9月2日期间走势图，如图中标注所示，此股在一波快速上涨走势中。虽然其价格走势呈突破盘整区的良好形态，但是这一波上涨走势的成交量却与众不同，呈现出明显的价升量减形态，这种形态是无法保证个股突破成功的，也是一波短期深幅调整走势即将展开的信号。在实

盘操作中，此时不宜恋战，可积极地进行短线卖股操作。

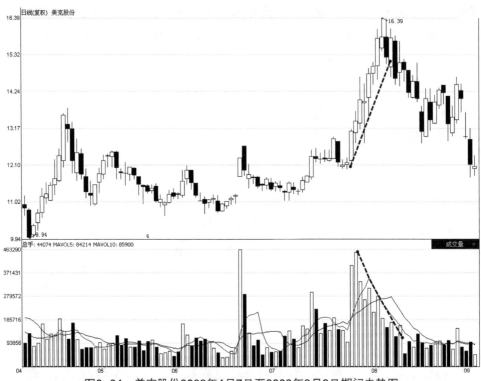

图2-24　美克股份2009年4月7日至2009年9月2日期间走势图

2.4.4　井喷后的量能快速萎缩

井喷后的量能快速萎缩形态是指：个股起初是较为稳健的缓慢攀升，但是，随后却在相对高位区出现价格上涨走势加速、成交量急剧放大的量价井喷走势，随后，价格急速上涨势头结束，成交量也大幅度的萎缩。

图2-25为保税科技2008年12月至2009年8月期间走势图，如图中标注所示，此股在上升途中出现了一波量价井喷的走势，这是多方力量短期内集中释放的标志，这也预示着多方力量随后的推升力将大大减弱。随后，此股的量能明显萎缩，这是买盘资金明显减少、多方力量无法有效跟进的标志。结合此前的量价井喷形态，我们可以预测到阶段性的调整走势即将展开。由于此时的个股累计涨幅并不是很大，因而，这种量价配合形态只适宜进行短线卖股操作，从中长线的角度来看，我们的操作仍应遵循个股的趋势发展轨迹。

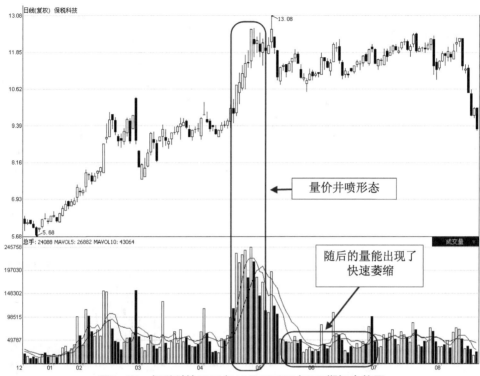

图2-25 保税科技2008年12月至2009年8月期间走势图

2.4.5 放量滞涨形态

放量滞涨形态是指：在一波上涨走势中的阶段性高点，个股的成交量出现明显的放大，但是同期的价格走势无力上涨，呈现出明显的滞涨。

放大的成交量无法有效地推动价格走势上涨，那么，它必是市场抛压沉重的体现，因而，这种形态多预示着短期内将有深幅调整走势出现，此时，我们宜进行短线卖股操作。

图2-26为荣华实业2009年12月至2010年7月期间走势图，此股在一波反弹上涨走势中出现了成交量大幅度放出、但价格的反弹走势却绵软无力的形态，这是典型的放量滞涨形态，它提示我们个股短期内的市场抛压极为沉重，是反弹上涨走势难以持续下去的征兆。此时，我们应进行短线卖股操作，不宜恋战。

图2-26　荣华实业2009年12月至2010年7月期间走势图

2.4.6　低位区的放量下跌形态

在深幅下跌后的低位区，此时的市场处于空方主导地位，但前期的大幅下跌已在较大程度上消耗掉市场的空方力量，此时，股市或个股又再度因某一利空消息而出现了一波放量下跌走势，一般来说，这一次的放量下跌可以看作是市场空方力量的最后一次集中释放，它的出现也预示着底部区将现，随后是可以买股入场的时机。

图2-27为柳工2008年2月26日至2008年11月4日期间走势图，此股在持续下跌后的低位区再度出现了一波明显的放量下跌走势，这是对市场中残余空方力量的一次集中释放，也是预示着底部将出现的信号，事后证明，此股的这一波放量下跌确实准确地预示了底部的出现，是下跌趋势结束的信号。

图2-27　柳工2008年2月26日至2008年11月4日期间走势图

2.4.7　近期低点的再度缩量形态

近期低点的再度缩量形态是指：个股在持续下跌后的低位区出现了企稳震荡走势，或是在上升途中出现了滞涨的震荡走势，当个股在震荡走势中第二次下探到震荡区的低点位置时，出现明显的相对缩量形态（相对于第一次下探到这一低点时的成交量而言）。这种形态可以看作是阶段性的空方抛压大幅减弱的信号，预示着短期内将有反弹走势出现，是我们短线买股入场的信号。如果这种形态出现在长期下跌后的低位区，则这种"近期低点的再度缩量形态"还可以看作是底部出现、新一轮上升行情即将展开的信号。

图2-28为双环科技2010年11月30日至2011年6月3日期间走势图，此股在上升途中出现了宽幅震荡的走势，并且在宽幅震荡的过程中，出现这种近期低点再度缩量的形态（如图中箭头标注所示），此时，我们可以进行短线买股操作。

图2-28　双环科技2010年11月30日至2011年6月3日期间走势图

2.4.8　高点放量破中期均线形态

在持续上涨后的高位区，若个股出现了放量跌破中期均线的形态，则说明市场抛压已使得反转走势一触即发，此时是我们应选择中期卖股离场的时机。

图2-29为一汽轿车2009年6月至2010年4月期间走势图，此股在持续上涨后的高位区出现了放量下跌的形态。如图中箭头标注所示，在放量下跌过程中，30日均线被明显跌破，这是多方力量不再占据主导地位的体现，也是空方开始全面反攻的信号，由于此股前期累计涨幅巨大，因而，这是预示着顶部出现的信号，此时，我们宜卖股离场。

格兰维尔所总结的这8种量价配合关系是最为常见的形态，由于它在我们实盘操作中经常用到，实用性极高，因而，它受到了股市技术分析者的欢迎，被称为经典的量价分析理论。

图2-29　一汽轿车2009年6月至2010年4月期间走势图

📈 2.5　大道至简——亚当理论

　　著名的技术分析大师威尔德（J.W.Wilder）创设了很多种技术分析指标，例如：PAR、抛物线、动力指标MOM、摇摆指数等，这些技术分析指标即使在今天看来也依然具有实战意义。但是，随后的情况出现了转变，威尔德在后期所发表的文章中推翻了这些分析工具的好处，取而代之的是推出了另一套崭新理论去取代这些分析工具，这一崭新的理论就是"亚当理论"。

　　在推翻自己原有技术分析理论的基础之上，而推出一个崭新的投资理论，威尔德于1978年发明了著名的强弱指数RSI，后来还发明了其他分析工具，但是很显然，威尔德后期对于证券市场的认识出现了转变。威尔德认为任何一套分析工具都有自身的缺陷，难以适应变化不定的股市走向，如果技术分析工具真的可以行之有效地预测证券市场走势的话，那么，现有的技术分析工具已经足够用了。

然而，实际情况却是，很多投资者在运用这些技术分析工具去从事买卖交易后却出现重大的亏损。

亚当理论的精义是没有任何分析工具可以绝对准确地推测市势的走向，亚当理论的精神就是教导投资者要放弃所有主观的分析工具。在市场生存就要适应市势，顺势而行。

当上升趋势出现后，我们就应做多；反之，当下跌趋势出现后，我们则不宜入场。这其中的奥妙就在于：升市时，升完可以再升。跌市时，跌完可以再跌。我们难以提前预知升势何时完结，只有顺势而行，我们才能最大限度地获利，并最大地减少亏损。

有的时候，一种理论越是看起来简单，它就越是实用，并且往往越接近于客观事实。亚当理论无疑就是这样一种的理论。可以说，亚当理论谈的是事物的根本道理，只讨论什么事发生，它是最纯粹最简单、最容易运用在市场上操作获利的方法，"顺势而行"就是亚当理论的核心。

📈 2.6 自然法则与交易之道的完美融合——江恩理论

威廉·江恩（Willian D.Gann）是期货市场的传奇人物，20世纪最著名的投资家之一，结合自己在股票和期货市场上的骄人成绩和宝贵经验，威廉·江恩创造性地把时间与价格进行了完美的结合，这就是江恩理论。江恩理论是以研究测市为主的，通过数学、几何学、宗教、天文学的综合运用，建立了独特的分析方法和测市法则。

江恩理论认为股票、期货市场里也存在着宇宙中的自然规律，市场的价格运行趋势不是杂乱的，而是可通过数学方法预测的。江恩理论的实质就是在看似无序的市场中建立了严格的交易秩序。江恩理论中的测市法则主要包括：周期循环法则、百分比回调法则、共振法则等。

除此之外，江恩还十分注重交易之道，他结合自己征战股票、期货市场的经验，系统性地归纳出了投资者亏损的原因、投资者应具备的素质以及交易之道。

2.6.1　周期循环法则

循环法则主要用于揭示股票市场价格走势所存在的周期循环特点，江恩理论依据时间长短将循环周期划分为3类，即：短期循环、中期循环、长期循环。循环周期就是指一轮走势中价格高点与价格低点之间的时间跨度。

- 短期循环：1小时、2小时、4小时……18小时、24小时、3周、7周、13周、15周、3个月、7个月。
- 中期循环：1年、2年、3年、5年、7年、10年、13年、15年。
- 长期循环：20年、30年、45年、49年、60年、82或84年、90年、100年。

10年这一时间周期在江恩理论中具有重要的意义，10年周期可以再现市场的循环，即：当一个新的历史高点出现之后，要过10年才能再出现一个新的历史低点，反之，当一个新的历史低点出现之后，一个新的历史高点10年之后才会出现。10年的时间跨度无疑太长，在实际应用中，我们可以重点关注短期循环中的3个月、7个月，及中期循环中的1年、2年。

2.6.2　百分比回调法则

江恩理论认为，当价格上涨或下跌一定幅度时，就会出现相对规模较大的回调走势（注：这里所谓的回调，主要是指上升趋势中的回调下跌、下跌趋势中的反弹上涨，其性质属于折返走势）。经过实践摸索，江恩理论认为：50%、63%、100%这3个位置是最有可能出现回调的位置。

例如，对于50%这个位置，它是指：在一轮涨势或跌势开始之后，股市或个股当其上涨或下跌了50%时，此时的股市或个股最容易出现折返走势。如果在50%这个位置没有出现折返走势的话，那么在随后的63%这个位置出现折返走势的概率就会更大。由于股市的实际走势并非严格的数学模型，因而我们在预测回调走势时应该留有余地。

图2-30上证指数2006年12月13日至2007年6月5日期间走势图，如图中标注所示，股市在一波快速上涨走势中，其起始点位在2800附近，回调点位在4300附近，两者相差的幅度正好接近50%，这与江恩回调法则所论述的内容正好相符，因而，江恩的百分比回调法则对我们的实盘操作是具有重要指导意义的。

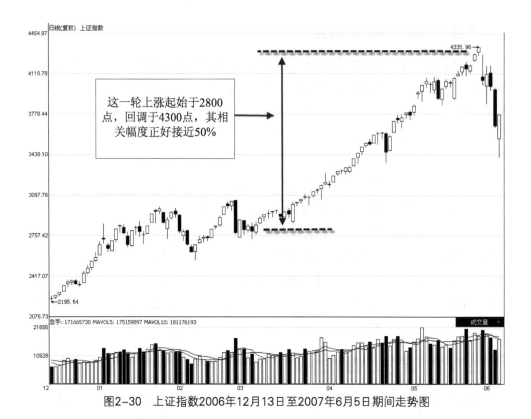

图2-30　上证指数2006年12月13日至2007年6月5日期间走势图

2.6.3　共振法则

"共振"是物理学所描述的一种现象，它是指：一个物理系统在特定频率下，以最大振幅做振动的情形。什么时候会出现共振呢？当系统受外界激励，强迫振动时，若外界激励的频率接近于系统频率时，强迫振动的振幅可能达到非常大的值，此时就会出现共振。

共振使得物体的振荡幅度远远超过其平常水平。江恩认为，股市中同样存在着这种共振现象，正是由于出现了这种共振，我们才看到股市的大起大落往往超出了人们的预期。江恩理论中总结归纳出了以下几种可能出现共振现象的情形，投资者在实盘操作中应予以注意，以此就可以更好地把握大的上升行情及规避大的下跌行情。

● 当长线投资者、中线投资者、短线投机者在相同的时间点，进行方向相同的买入或卖出操作时，将产生向上或向下的共振。

- 长期移动平均线、中期移动平均线、短期移动平均线3者交汇到一起且运行方向趋同时，将产生向上或向下的共振价位点。若前期股市涨幅巨大，则往往产生向下的共振，反之则会产生向上的共振。

- 当时间周期中的长周期、中周期、短周期交汇到同一个时间点且方向相同时，将产生向上或向下共振的时间点。

- 当K线系统、均线系统、指数异动平滑平均线MACD、随机摆动指标KDJ等技术指标发出相同方向的买入或卖出信号时，将产生技术指标系统的共振点。

- 当金融政策、财政政策、经济政策、上市公司基本面情况等多种基本面因素趋向一致时，将产生基本面的共振点。

- 当基本面和技术面方向一致时，将产生极大的共振点。

图2-31为海信电器2007年7月至2008年10月期间走势图，如图中标注所示，此股在高位区出现了周期长短不一的均线交汇于一点的形态且整个均线系统运行方向向下，这会产生向下的共振点，此时，我们宜进行卖股操作。

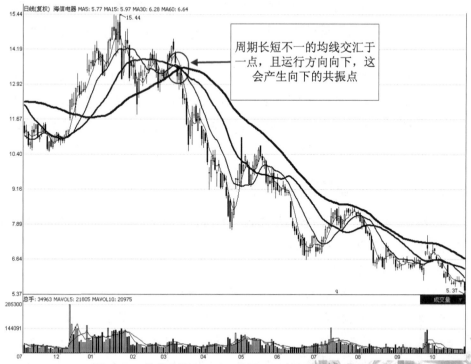

图2-31　海信电器2007年7月至2008年10月期间走势图

2.6.4 投资者应具备的五种素质

江恩认为：成功的投资者仅有技术还是不够的，要想成功，一些基本素质是必须具备的。

● 资本：资本是我们入市的本金，我们不能无中生有，没有本金，一切无从谈起，"巧妇难为无米之炊"，没有本金，纵有本领，亦不可能在风险投资市场得到丝毫利润。

● 健康：风险投资对投机者的心理承受能力、身体素质等都有较高的要求，好的身体素质也可以让我们头脑聪明、反应灵敏，是我们获胜的根本。

● 知识：金融市场的专业程度较高，没有足够的知识积累，我们就无法应对层出不穷的信息，难以判断某一信息所具备的影响力，投资者只有不断地完善自己的知识结构，才能更好地适应这个市场。

● 耐性：耐性是对投资者心态的考验。只有拥有足够的耐心，我们才能更好地把握即将到来的机会，也才会规避风险。例如：我们看到一只股票正处于明显的上升通道中，但若没有耐性，很可能抱着急功近利的目的，不顾眼前个股的良好走势，而去追涨那些前期涨势凌厉，但当前风险较大的个股。

● 胆识：股票市场变幻莫测，没有先知，没有100%的准确率，我们的每一次操作都有失败的风险，如果我们不具有超人的胆识，在机会出现时很有可能犹豫不决，任机会流逝。但是，胆识并不等于鲁莽，胆识是建立在足够的知识以及理性客观的分析之上。

2.6.5 江恩理论的交易之道

如果说技术性的分析内容是江恩理论的铺垫，那交易之道则可以说是江恩理论的精髓，以下为江恩理论总结出来的交易之道。

● 若本金数额允许，应将本金分成10份，每次买卖数额不应超过本金的1/10，这样，每次所承担的风险最多只有1/10。

● 结合行情的运行方式，合理设定止损价位，在理性的前提下进行操作。

● 交易不宜过于频繁，每一次的交易都不可盲目展开，不可过量买卖；买卖次数不宜过于频繁的理由有二：多做多错；佣金及价位的损失将会减少获利的机会。

- 避免反胜为败。例如：在已获利的基础上，如看不准行情的发展方向，就应本着落袋为安的原则，以免因市势反转而导致损失（止盈位与止损位的设立同样重要）。

- 不可逆势买卖。市势不明朗的时候，宁可袖手旁观，也不贸然入市（不要想比市场更聪明）。

- 犹豫不决，不宜入市。

- 尽量参与盘小、有题材的活跃品种，避免参与"肉股"。

- 买入之后，应依据信号进行卖出，不宜随意平仓，在获利的情况下，可利用逐步减仓或止赢价保障利润不回吐。

- 不可买卖过多的品种，但也不宜只参与一两个品种，两者均不适当。因为太多难于兼顾，太少则表示风险过于集中。

- 避免限价买卖，否则可能因小失大。

- 当买卖行为较为顺利且累积利润可观的时候，可将部分资金调走，以备不时之需。

- 只有在看准一波中级行情时，才宜着手买入，不可为蝇头小利而随便入市。

- 买入后若处于亏损状态，此时，不可盲目补仓，因为，第一次的买入出现亏损，很可能意味着这是一次错误的交易，如再强行增加持仓数量，谋求拉低成本，可能积小错而成大错；

- 不能希冀买在起涨前夕，持股后，要有适当的耐心等待股票上涨。

- 在多次的短线操作中，如果赔多赚少，则表明不在状态或市场时机不好，应暂时离场观望。

- 不可贪低而买入，亦不可因价位高而卖股出局，一切应以趋势的发展势头而定。

- 当价格走势处于上升趋势中时，买入的方式可以采取金字塔式，即：随着价格的不断上升，我们每次的买入数量应是不断减少的。而不能采用倒金字塔式的买入方式，因为：若采用倒金字塔式的买入方式，随后的一次买入所承担的亏损即可抵消前期的所有盈利，这是错误的策略。

- 若重仓买入个股，应设立好止损价位，一旦个股走势与预期相反，则要敢于认错，达到止损价位时应毫不犹豫地卖出以保全本金的安全。

- 当交易较为顺手时，不应随意增加仓位或任意买卖，因为这个时候最易出错。
- 不可盲目地预测市势的顶或底，应该遵循市场发展。
- 不可轻信他人的意见，应有自己的一套分析方法，只有这样才能不断积累经验，不断提升投资功力。
- 入市错误、出市错误固然不妙；入市正确而出市错误亦会减少获利的机会，两者均要避免。

第3章　K线的买进信号

道氏理论中有这样一条：市场中的价格包容消化一切因素，当你还麻痹于下跌趋势的消沉情绪中时，某些K线形态的出现，可能已经揭示趋势即将反转的迹象，技术分析方法林林总总，但是，直接反映市场情绪及对现有走势的看法以及对未来价格的预期，都率先反应在K线图上。例如，当一个倒锤子线出现时，当一个启明星出现时，当一个看涨孕线形态出现时，虽然它不能代表现有趋势已经反转，但是它已经提供了短期内价格即将反转的信号，尤其是在上涨趋势的回调中，底部K线反转形态的出现，为我们提供了再次买进或者加仓的信号，使我们有机会扩大利润，即时跟进趋势。

春江水暖鸭先知，K线底部反转形态，就像鸭子一样，为我们提供了趋势即将趋暖的信号。掌握了K线反转形态的这一技巧，也就掌握了跟踪趋势的先机。图3-1便为常见的底部反转K线形态。

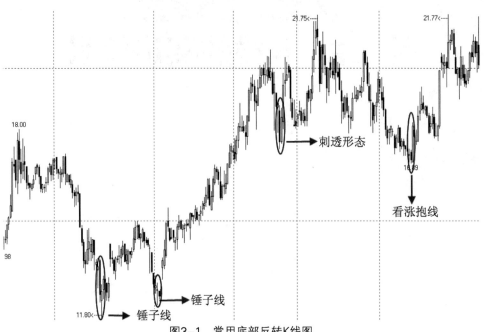

图3-1　常用底部反转K线图

买点1：刺透形态的买点

实战示例

图3-2　上海梅林（600073）2010年3月至2010年12月日线图

形态解析

- 如图3-2所示，刺透形态是底部反转形态，由一根阴线和一根跳空低开高走的阳线，两根K线组成。

- 阳线的开盘价必须低于阴线的最低价，阳线的收盘价必须处于阴线实体内部的50%以上，如果没有达到该幅度，则不能视为刺透形态。刺透形态需经过后续走势的验证，确定买点。

- 若后续走势，没有向下跌破刺透形态中阳线的实体，则该形态为有效形态。

- 若跌破阳线实体，则该形态为无效形态。通常情况下，阳线实体越长，效果越好。买点的确定通常以突破刺透形态中的阴线实体或重要压力位为标准。

盘面解析

图3-2中是一个标准的刺透形态，股价在经过较大幅度的下跌后，2010年5月21日于低位出现刺透形态，其本身就具有较强烈的看涨意愿，此时应给予高度关注。2010年5月22日，股价上涨收阳，首先，向上突破了刺透形态中阴线的实

体，其次，其收盘价向上穿越了原下跌趋势线，第三，股价相对应的MACD指标也出现金叉，同步发出了买进信号，更加验证了刺透形态的有效性，于该日临近收盘之前，可进场建立多单。

分时图实战示例

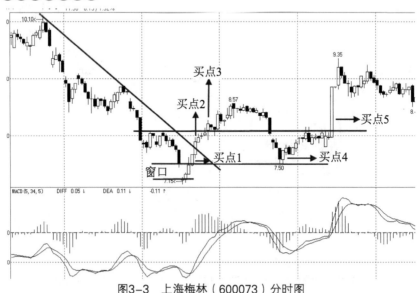

图3-3　上海梅林（600073）分时图

盘面解析

如图3-3所示，看六十分钟图是如何逐渐演变为刺透形态的。2010年5月21日，在第一小时内，股价跳空低开，出现了较大的向下跳空窗口，形成星线，在股价大幅下跌后出现星线的含义为，抛盘不愿以更低的价格继续打压股价，抛盘力度相对减弱，多方势力逐渐增强。其后的两根阳线，向上彻底回破了开盘之初出现的向下跳空窗口，当股价回补窗口，并持续向上运行时，出现了第一个买进信号，从日线角度看，这次回补窗口，也同时回补了日线级别的向下跳窗口，股价进入了前一根阴线的实体内部，同时，小时线内，阳线向上穿越了五日移动均线，说明至少在短期内，空方失势，此时MACD指标也出现了金叉，同时给出了买进信号，KD随机指标在此时此处出现底部背离现象，共同验证了该买进信号的准确性。

买点2出现在5月21日收盘前，股价向上穿越了原下跌趋势线，同时向上穿越了十日移动平均线，发出第二个买进信号，此时刺透形态已经完成。由六十分钟图所示，5月22日，股价继续小幅上扬，虽然上涨幅度较小，但它向上突破了原下跌趋势中的震荡平台高点，给出买进信号，再回到日线级别，可以看出，此次突破向上穿越了刺透形态中阴线实体，日线K线图也给出了买进信号，此处为买点3。

此后，在分时图中，股价曾向下回试原跳空窗口的支撑力度，在窗口上限，出现两根低点相同的K线，为平头底部形态，股价在此处获得窗口支撑，向上运行，给出第4个买点。在经过小幅上涨之后，出现了8个小时的平台震荡，震荡结束后，一根长阳线向上挺出，突破了该震荡平台，在突破平台高点之时，也向上回补了之后再次形成的规模较小的跳空窗口，共同形成买点5。

买点2：锤子线的买点

实战示例

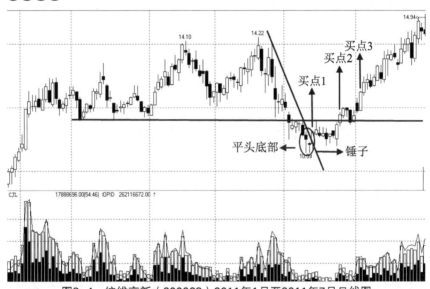

图3-4　皖维高新（600063）2011年1月至2011年7月日线图

形态解析

- 锤子线是单根反转K线形态之列的一种。要求该K线实体部分相对较小，理论上最佳形态为无上影线，若形态中出现上影线，以短到忽略不计为佳，下影线长度为实体部分的两到三倍以上，锤子线本身的颜色无关紧要。

- 若后续走势向上突破了锤子线的最高价，说明该形态为有效形态，其指导意义为底部反转；若后续走势向下突破了锤子线的实体部分，说明该形态为无效形态，无任何指导意义。

盘面解析

如图3-4所示，2011年6月11日与13日分别为相邻的两个锤子线形态，其最低价在同一水平位置，单独看这两根K线，已形成平头底部形态，这两个锤子线的组合形态另有一美称为双针探底，2011年2月10日至这组形态之间，为上涨趋势的大级别横盘震荡走势，此处为震荡走势的最后一波，第二根锤子线的实体相对较短，配合成交量以得出结论，在成交量极小的情况下，形成较长的下影线。显而易见，抛盘力量已经极度衰竭，底部迹象明显，次日的阳线向上收高，吞没了第一根锤子线形态的实体部分，向上插入之前的K线实体内部，给出有效验证，也同时提供了新的买点。在这根阳线之后股价出现小幅回调，成交量持续萎缩，证明其为整固形态，回调结束后，股价平稳上扬，在随后的上涨中，连续突破前调整区间的下沿与前方的向下跳空窗口，给出后面的两个买点。

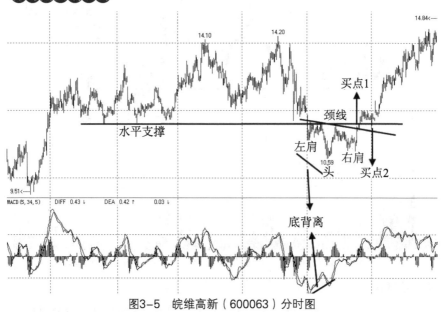

图3-5　皖维高新（600063）分时图

盘面解析

如图3-5所示，股价在2011年6月10日底部迹象已初现端倪，在6月10日开盘后，股价小幅冲高后向下极速回落，于14时破出新低后，股价迅速回升，于前一根阴线构成了看涨抱线形态，股价在低位显露了买盘积极介入的迹象。6月13日开盘后，股价低开低走，未能脱离前一根阳线的控制范围，在10时的走势中，形成小的星线，显示抛盘衰竭，随后股价小幅上升，此时的MACD指标柱状图缩短。在6月14日开盘之初，股价便强劲上涨，同时MACD指标与股价出现底部背离，柱状图翻至零轴之上，给出第一个买进信号。

6月15日股价自反弹高点回落，继续下探底部，在6月13日开盘价处获得支撑，最后在6月23日开盘后，股价以锤子线形态的方式结束了回调。可以注意到这一段时间内所形成的是一个规模较小的头肩底形态，这在日线上是难以体现的。6月23日13时长阳向上突破了头肩底反转形态的颈线，MACD指标向上发散，构成第二个买点。6月29日，股价遇前期向下跳空窗口承压回落，回到头肩底反转形态的颈线支撑位，在颈线上方得到支撑后，股价恢复上涨，此时反转形态初步得到确认，趋势性买点出现。当7月4日开盘后的第一根阳线向上突破了前向下跳空窗口的压制，及前高压制，MACD向上重新出现金叉，可以确定新一轮涨势已经开始。

买点3：倒锤子线的买点

实战示例

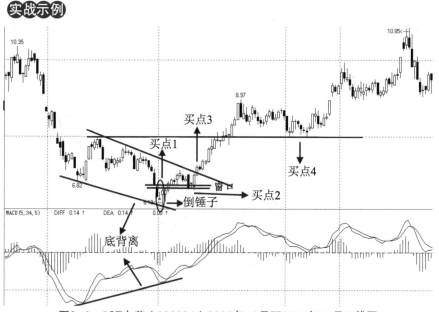

图3-6　*ST中葡（600084）2009年12月至2011年11月日线图

形态解析

● 倒锤子线是属于单根反转K线之列的，要求实体部分非常小，理论上最佳状态为无下影线。若出现下影线，则短到可忽略不计为佳。上影线约为实体长度的两到三倍以上。

● 若后续走势向上突破了倒锤子线的最高价，说明该形态为有效形态，其指导意义为底部反转；若后续走势向下突破了倒锤子线的实体部分，说明该形态为无效形态，无任何指导意义。

盘面解析

2010年7月1日，股价在大幅下跌后，承接前一个交易日的卖盘抛压力量，跳空低开，但空方并无力量将股价进一步向下打压，当日留下长长的上影线，揭示出在连续大幅下跌之后，买方出现尝试性的介入，买盘力度曾一度压过抛盘，虽然股价仍然收于较低的价位，但买方的尝试性介入无疑是一种积极的信号，次日股价虽创出新低，但终收于相对于前倒锤子线较高的位置，进入了前方阴线的实体内部，给出了有效验证，此时MACD指标与股价也发生了底部背离，共同提供了买进信号。

2010年7月6日，股价冲破前方向下跳空窗口的压制，构成新的买点，此后股价在回试该窗口时获得支撑，再次给出买点。在股价上扬过程中，向上穿越了前方跌势的短期压力线，第三次给出了买进信号。股价突破猛进，一跃而上击穿原下跌趋势中震荡的高点，第四次给出了买进信号。

分时图实战示例

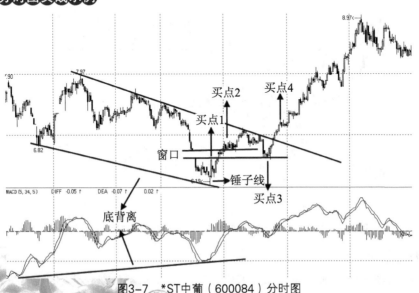

图3-7　*ST中葡（600084）分时图

盘面解析

值得注意的是，在对应倒锤子线这一日的分时图中，股价呈底部震荡走势，分时图中，没有给出任何见底的迹象，而对应MACD指标揭示出一个值得注意的现象，为柱状图在逐渐明显缩短，而关键的节点在2010年7月2日，股价在高开后，盘中出现了急速下跌，股价创出新低6.19元，在13时，股价在创出新低后迅速回升，以"锤子线"形态收盘。由此可见，实际的买进信号，并不是在日线的倒锤子线时出现的，而是在次日的分时图中锤子线处，给出了见底的警示信号。14时，股价大幅上扬，一举突破了包括倒锤子线在内的一系列震荡小K线，此时的MACD指标也与股价出现了底部背离，形成金叉，同时在所对应的日线中，也给出了倒锤子线的有效验证，发出买点信号。

由3-7分时图可知，前方的向下跳空窗口对股价形成了短期的压制作用。随着窗口被关闭后，股价继续向上运行，此窗口压力转而形成支撑。在关闭窗口时，出现买点2。股价经过小幅上涨后，向上遇到原下跌趋势线的压制，进入了针对前一小波段的涨势小幅调整中，股价在前跳空窗口下限处，获得支撑，蓄势待发，此处为买点3。当股价再次向上，一举穿越了原下跌趋势线，配合MACD指标重新向上穿越零轴，构成重要的趋势性的买点，下降趋势此时被彻底颠覆，转而形成上升趋势。

稳健的投资者可以在7月20日13时的K线图中买进，此时的股价突破前反弹高点，及前下跌趋势中震荡平台的低点，此后股价震荡上扬至10.85元处，逼近前高，此波段上涨幅度近75.28%。

买点4：启明星的买点

实战示例

形态解析

● 启明星是由三根K线组合而成，第一根为下跌阴线，第二根为星K线，第三根为上涨阳线。其中要求第二根星K线的实体部分必须低于第一根阴线的实体。理论上同时还要求星K线的上影线与第一根阴线之间存在跳空窗口。但在实际中，这样的图形并不常见。

● 第三根阳线要求插入第一根阴线的实体内部，启明星必须出现在一段清晰可见的下跌趋势之中。

图3-8　禾嘉股份（600093）2010年3月至2010年12月日线图

盘面解析

如图3-8所示，2010年7月5日处的启明星是由前期下跌对称三角形向下突破后见底点形成的，值得我们注意的是，此对称三角形的上下边线的延长线，对后续走势起到了至关重要的作用。此星线与前方的实体部分出现了向下跳空窗口，为一组标准的底部反转十字启明星。由十字星线和带有较长下影线的锤子线中，我们可以感受到前两日的K线已经显现出底部即将形成的迹象，而7月5日的启明星线没有创出新底，在锤子线的下影线范围内出现，这足以证明，抛盘之势已成强弩之末，次日的阳线向上跳空高开，一举吞没前三个交易日的K线实体，给出了启明星的有效验证，此时MACD指标柱状图缩短，DIF线走缓，给出了第一个买点。7月8日，股价向上冲击前方对称三角形的上边线的延长线，MACD与股价之间出现底部背离，确定了买点1的可靠性，又同时给出了买点2。对称三角形下边线的延长线，支撑住了股价后期的平台回调，给出买点3。

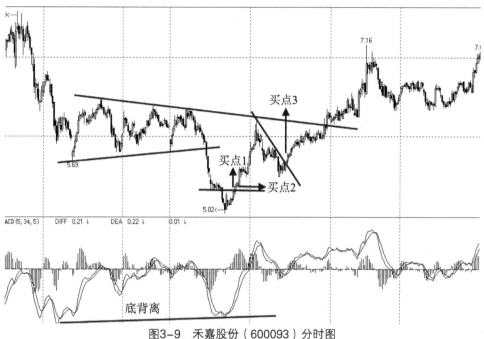

图3-9　禾嘉股份（600093）分时图

盘面解析

如图3-9所示，本图例中的买进信号其实是在7月2日的分时线中率先给出的，早于日线级别中7月6日所给出的买点。究其原因，首先在7月2日14时的分时图中得到了体现，K线图方面率先给出了看涨抱线形态，同时MACD指标的柱状图在股价下跌中逐渐缩短，警示我们出现了底部背离的现象。而日线级别7月5日的是启明星线在分时图中以整固的形式出现，从分时图中能看出7月5日的价格波动处于2日阳线的实体范围之内，在7月6日开盘后，股价上扬给出了看涨抱线形态的有效验证，此时的MACD指标与股价出现了底部背离，共同给出比较准确的买点。

6月30日与7月1日的两个交易日走势，在原下跌趋势中形成了平台整理的形态，其下边线的压力于7月6日10时被有效突破，构成买点2。其后，股价进一步上扬，在前期下跌对称三角形上边线的延长线处承压回落，进入了调整状态。分时图中，以刺透形态给本次的小幅调整画上了圆满的句号。随后随着股价向上突破了这次向下调整的压力线后，股价快速上扬，形成第3个买点。在此期间，

MACD指标柱状图在零轴下方呈逐渐缩短之势。7月20日开盘后，MACD在零轴之上形成金叉，并且向上发散，股价一度顺利地突破了原对称三角形上边线的延长线，但突破该线后，获得了它的支撑，在该线之上股价震荡盘升。通过本图例我们可以得到一个经验，任何前期走势中出现的支撑线、压力线，都有可能对后续走势产生重要的影响，这是我们不应该忽略的细节。

买点5：看涨抱线的买点

实战示例

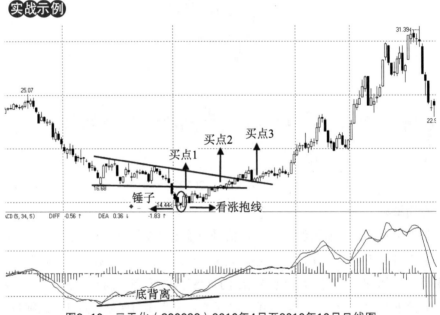

图3-10　云天化（600096）2010年4月至2010年10月日线图

形态解析

● 看涨抱线形态是由两根K线组成的，第一根为阴线，第二根为阳线。其要求为，第二根阳线的开盘价要低于第一根阴线的收盘价，收盘价要高于第一根阴线的开盘价，第二根阳线将第一根阴线的实体部分完全包住。在股价中是常见的底部反转形态。

● 若其后续走势高于该形态中阳线的收盘价，则证明该看涨抱线形态有效，其指导意义为底部反转；若后续走势低于该形态中阳线的实体部分，则证明该形态失效，无任何指导意义。

● 看涨抱线形态的反转力度要强于刺透形态。

盘面解析

如图3-10所示，2010年7月5日，股价在前期调整突破小幅下跌后，形成了锤子线形态。值得我们注意的是，此处MACD指标的柱状图较于之前的低点已经形成了底部背离，次日股价低开高走，上涨收阳，将其前两个交易日的K线完全包住，形成了看涨抱线形态。看涨抱线吞没之前的实体越多，其反转力度越强。而MACD指标的柱状图已逐渐缩短，7月7日股价小幅收阳，高于整体看涨抱线形态，给出了有效验证，为买点1。在随后的震荡中，MACD向上交叉，与股价之间出现底部背离，进一步验证了买进信号。8月2日，股价在突破前下跌震荡平台下边线的压力后，回试成功，给出买点2。8月12日，股价二次试探该价格水平的支撑，出现买点3。

分时图实战示例

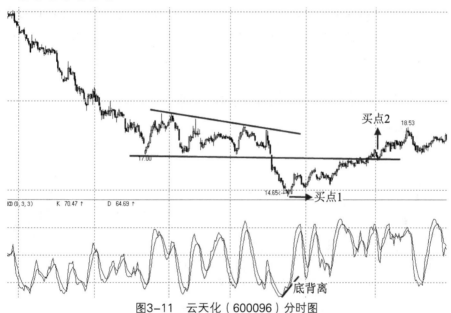

图3-11　云天化（600096）分时图

盘面解析

如图3-11所示，该分时图与日线图并无多大差别，其区别是7月2日13时，股价在创出新低后，形成了锤子线形态，此时的KD随机指标也做出了积极的反应，KD指标由下自上形成金叉，14时虽然收阳，但始终没有脱离其之前阴线的控制范围，验证锤子线形态的反转失败。但KD指标于极低的水平向上交叉，此时股价虽然未能验证反转，其也是一个极重要的警示信号，要求我们对以后的股价下跌采取谨慎的态度。7月5日开盘后，股价与昨日最后一根分时阳线之间，产生了向下跳空窗口，再次形成锤子线形态。若在实际操作之中，我们能做的仅仅只是观望而已，等待市场进一步验证反转后，再行建立多单。有趣的是，其下一根K线在破底后再次形成了锤子线形态，虽然股价破出新低，而KD指标未能形成向下的死叉，说明股价创低的动能已然衰竭，这一次的锤子线形态绝不是演习。其后的阳线便与最后一根锤子线构成了看涨吞没形态。给出了锤子线的有效验证，同时提供了相对最低位置的买进信号。

　　7月6日，股价大幅上扬，突破了前方的向下跳空窗口的压制，确认了前期的买点。随着股价缓慢爬升，突破前期下跌趋势中震荡平台的低点后，股价插入了前下跌趋势中的波谷，根据道氏理论所阐述精要，此时确立了反转趋势，给出了趋势性买点2。在股价向上突破该压力位后，又横向盘整了两个交易日，在盘整过程中的低点，曾向下突破该支撑位，但也仅仅是日内穿越而已，不能构成有效的突破，股价在此处盘整结束获得支撑后，股价进一步上扬。相信股价在小幅攀升过程中，便是主力建仓的位置。

买点6：底部孕线反转形态的买点

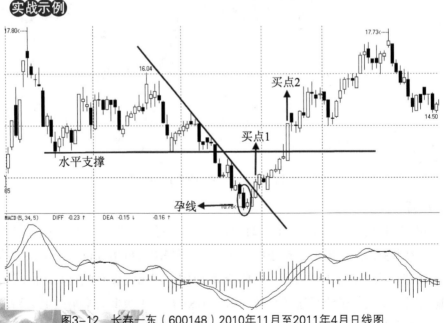

图3-12　长春一东（600148）2010年11月至2011年4月日线图

形态解析

● 底部反转孕线是由一阴一阳两根K线组成。前一根为相对较长的阴线，后一根为实体相对较短的阳线，如果第二根K线的实体非常小，则可忽略K线的颜色。

● 第一根阴线应将第二根阳线的实体完全包括进去，实体越短，反转的力度越强。但孕线并不是绝对的底部反转形态，在下跌过程中经常以持续调整的姿态出现，会减缓下跌的速度，预示着底部即将来临，就像一辆高速行驶的汽车踩下了刹车踏板一样。

● 底部孕线的判断前提是，出现在大幅下跌行情的末端，若这一下跌行情出现的时间较长，幅度较大，则说明具有底部反转的可能性。当后续走势在不破坏孕线形态的前提下，向上击穿第一根长阴线的开盘价时，底部反转孕线成立。若后续向下穿越了整体孕线形态，则说明该孕线仍属于持续形态。

盘面解析

如图3-12所示，2011年1月25日，跌势依然强劲有力，大有突破前低之势，26日的股价于前一日阴线体内开盘高开高走收出小阳线，股价全天的运行区间位于25日阴线的实体之内，急速下跌的行情，就像被一脚刹车而刹住。在孕线形态出现后的第二个交易日，股价向上突破了孕线形态中阴线的高点，同时还击穿了下跌趋势线，给出了买点1。其后持续向上突破了前方水平支撑位，给出买点2。

分时图实战示例

盘面解析

如图3-13所示的分时走势中，股价在连续下跌后于2011年1月25日13时与14时，分别收出两根小的阴星形态，小阴星虽然显示股价依然疲弱，但表现出股价抗跌的意愿，显示出抛盘的力量已经减弱。配合MACD指标，虽然股价在持续向下创出新低，但柱状图已经明显地在零轴下方逐渐缩短，当提高警惕。1月26日开盘后，股价似乎发生根本性的变化，股价高开高走，挺入星K线之前阴线的实体以小阳线报收，虽然相对形态较小，但也给出了分时图中启明星形态的有效验证，此处，可构成买点1。之后股价全位于该小阳线的区间内横向延展，而在当日的收盘之前，分时图MACD指标在低位形成金叉，发出了积极向上的信号，再次确认了买点1的有效性。

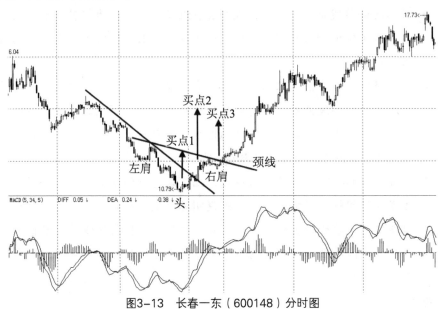

图3-13　长春一东（600148）分时图

1月28日10时，股价大幅上涨收阳，向上穿越了原下跌趋势线，给出了第二个买进信号，此时MACD指标的柱状线在零轴上方正向增长，显示出市场中做多的动能正在凝聚，市场在积极健康的发展。2011年2月9日14时，当股价向上穿越头肩底反转形态的颈线时，给出了第3个买点。显示新的上涨趋势已经确立，趋势性买点便在买点3处。股价此次反转自1月25日至3月16日，由10.79元上涨到17.73元，上涨幅度近70%。值得注意的是，当股价在突破头肩底反转形态颈线的同时，也突破前下跌趋势线的震荡平台的下限。而压力重合的位置，也往往是非常重要的，此处的突破，属于决定性的突破。

买点7：看涨约会线的买点

实战示例

形态解析

● 看涨约会线是由两根K线共同组成的，要求：第一根为下跌趋势中的阴线，第二根为下跌趋势末端的阳线，该阳线低开高走，收盘价与前一根阴线的收盘价处于同一位置，但实际运用中，它们的收盘价未必完全相同，需要灵活运用与掌握。其中阳线低开的幅度越大，其反转的力量便越强。

● 若后续走势向上收高于该形态中阳线的收盘价，证明该形态为有效形态，指导意义为底部反转，若后续走势向下突破了该形态的最低价，证明该形态为无效形态，无任何指导意义。

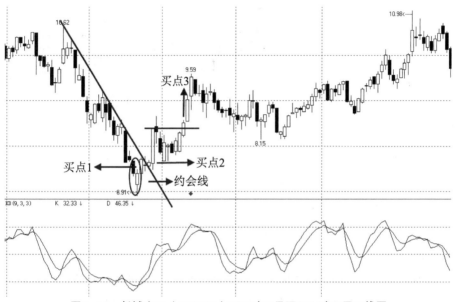

图3-14 长城电工（600192）2010年4月至2010年9月日线图

盘面解析

如图3-14所示，2010年5月20日，股价继长阴之后中幅下跌，此时的KD随机指标进入超卖区间，需要引起我们的注意，买进的机会随时可能出现。次日股价大幅低开，向下破出新低后，快速回升，报收于前一阴线收盘价处，与前一阴线收盘价相同，形成看涨约会线。出现此类形态之处，为买方背水一战、绝地反击之时，次日股价承接昨日约会线的上涨力量，完全超越了约会线前方的阴线实体，构成了买点，同时KD随机指标也由20刻度以下的超卖区形成金叉，并且向上发散，验证了买点1的可靠性。

2010年5月27日，股价以位于下跌趋势线之上，当其向上快速突破前方阳线高点时，构成了新的买进信号，为买点2。6月8日的股价在回调后向上突破了长阳线高点，KD指标二次金叉，为买点3。

分时图实战示例

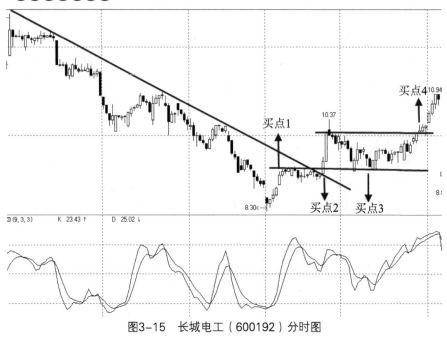

图3-15　长城电工（600192）分时图

盘面解析

如图3-15所示，2010年5月20日，后半段交易日期间内，股价已经呈现出向下抗跌的形态，开盘之后，股价跳空向下低开，在这一时间单位内形成了底部锤子线形态，而此时KD随机指标在20刻度以下趋缓，K值向上拐头。在下一个时间单位处，股价呈现低开高走局面，虽然力度显得不强，但KD随机指标已然在超卖区形成金叉，显示出正面的积极信号，至收盘时，股价稳步上行，向上回补了当天所构成的向下跳空窗口，对应日线图形为看涨约会线形态，虽然回补了窗口，但仍不能构成买进信号，因为回补窗口是第一步，尚需要股价在窗口之上继续上行后，方可为买点。

5月24日开盘，股价对前一日的上涨意愿给予了充分的肯定，股价在回补窗口之后，吞没了分时图中约会线中阴线的三个时间单位的实体部分，构成买入信号，为买点1。此后股价进入横盘震荡区间，在5月27日13时股价连续向上突破了原下跌趋势线的压力位及震荡整理的平台高点，构成新的买进信号，为买点2。当股价继续创出新高后，不幸的是KD随机指标与股价之间形成顶部背离，市场进入调整阶段，但股价受到来自于前方震荡平台高点的支撑后，形成了小的平头底部形态，该形态中的两个低点为买点3，6月2日14时股价向上突破了该短期回调的趋势线，同时KD随机指标二次向上交叉，验证了买点3的可靠性，当股价再次向上突破5月27日14时的高点时，震荡彻底结束，构成买点4。

买点8：看涨分手线的买点

图3-16　中科英华（600110）2010年11月至2011年4月日线图

形态解析

- 看涨分手线是由两根K线组合而成，第一根为突然出现在上涨趋势线的回调阴线，第二根为继续上涨的阳线。这两根K线的要求：阳线的开盘价与阴线的开盘价在同一位置，前一根K线向下，后一根K线向上，两者分道而行，意味着分手，而此中的分手，不是反转的意思，而是与上涨趋势线中的回调分手，上涨趋势继续运行。

- 第二根阳线出现后，本身是一个加仓买点，如果此时手中并无持仓，那么在此处也可以建立新的多头头寸，类似于这种分手线，通常情况下出现在一波上涨行情的中段，能起到预测后期上涨幅度的作用，当然并不是绝对的。

盘面解析

看涨分手线往往出现于强势的上涨趋势中，属于上涨趋势的中继形态。2011年2月1日，股价处于强势状态，长阳收盘，而次日一根高开低走的阴线显得有些突兀，至于是什么原因造成的，我们不必追究，此时MACD指标必须处于多头市场强势上扬状态，次日股价于阴线的开盘价之上跳空开盘，以长阳线收市，似乎昨日的事情根本没有发生一样，投资者可据此进行加码买进。看来这不过是上行趋势中的一小段插曲而已。

分时图实战示例

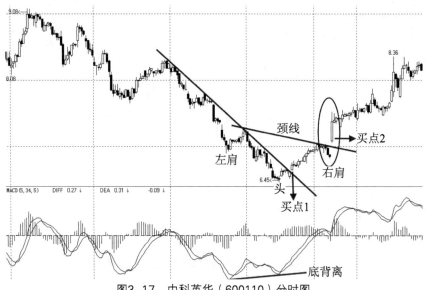

图3-17　中科英华（600110）分时图

盘面解析

如图3-17所示，2011年1月25日，股价在跳低开盘打开一定跌幅之后，此后股价便呈现抗跌的缓慢下跌状态，14时，股价在创出6.45元新低之后，以小实体阴星收盘。次日股价开盘后一小时内，股价小幅收阳，与前一日的第一小时阴线完全对应，验证了昨日收盘时的阴星形态，该阳线与昨日的分时图共同构成了启明星底部形态，与当日的14时，上破10日移动平均线，MACD指标确认形成底部背离，1月27日，股价便呈现出单边上涨的局面，股价在持续上涨一段时间后，于2月1日13时开始进入调整状态，2月9日开盘后，在其后的交易时间内，股价稳步下跌，但此时的MACD指标已上叉零轴，进入上涨趋势。由此，我们判断该阴线可能为上涨趋势中的回调行情，此时已构成了一个规模较小的头肩底部反转形态，该反弹高点与前下跌趋势线的最后一个反弹高点，连结成为颈线。

2月11日开盘后，便呈现出向上跳空大幅上涨的格局，行云流水般突破了头肩底的颈线及前一个反弹高点，反映在日线图中，与前一个交易日中的阴线形成了看涨分手线形态，构成买点2。从分时图中看，此日开盘的第一根K线是决定性的上涨，将股价完全带入了原上涨趋势，此后走势，便再次进入了震荡上涨的趋势中。值得我们注意的是，凡看涨分手线，或看跌分手线，都是属于中继暴发式的行情走势，其中上涨分手线则是投资者进一步加仓的积极信号，而看跌分手线，是提醒持币者进一步观望的等待信号。

买点9：看涨捉腰带线的买点

实战示例

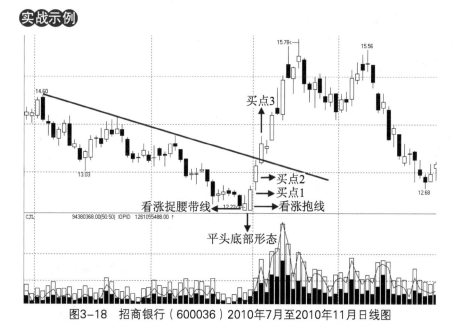

图3-18　招商银行（600036）2010年7月至2010年11月日线图

形态解析

● 看涨捉腰带线属于单根反转K线之列的形态，它是由一根没有下影线的光头阳线所形成的。形成该形态的条件非常简单，首先它必须出现在一波清晰可见的下跌趋势中，该下跌趋势规模不分大小（可以是大幅下跌趋势的顶端，也可以是向下回调的高点）。其次，它必须有上影线，但其上影线的长度不应过长。

● 若后续走势向上突破了该形态的最高点，证明该形态为有效形态，为底部反转形态。若后续走势向下突破了该形态实体，则证明该形态为无效形态。也正因为形成该形态的条件过于简单，所以最好有其他技术分析手段与之相配合，共同给出买进信号为最佳。

盘面解析

如图3-18所示，2010年9月28日股价继续下跌，但次日走势明显终结了这一趋势。9月29日股价顺势低开后，即呈现上涨格局，开盘价即为当日的最低价，显示出买盘入市的坚决态度，此时买盘力量已经完全压过了抛盘的力量，此阳线的实体甚至插入了前一根阴线的实体，9月30日的走势进一步验证了买盘入市的迹象，其开盘价与前一日的捉腰带线构成了平头底部形态和看涨抱线形态，构成买点1。成交量轻微放量，次日高开高走，随着成交量的放大，给出了看涨抱线形态的有效验证，构成买点2。10月11日，股价带量上涨，决定性地突破了下跌趋势线，给出买点3，代表新的上涨趋势已经开始。

分时图实战示例

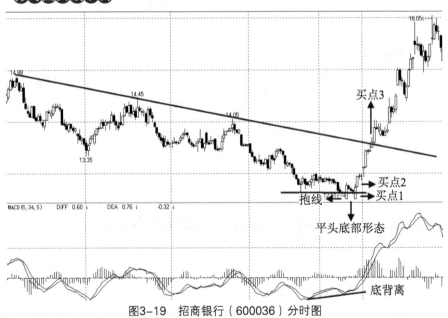

图3-19　招商银行（600036）分时图

盘面解析

如图3-19所示，2010年9月28日14时临近收盘的最后一根蜡烛线为十字星线，而尾盘出现星线的情况代表卖盘力量减弱，预示着对后势的看跌抱有谨慎的态度，9月29日开盘后，股价即呈现低开高走格局，形成的分时图中看涨抱线形态，该阳线吞没了前方的小阴线实体，显示多方态度坚决，并且同时突破了前下跌趋势中震荡平台的低点压力位，给出买点1。此时的MACD指标黏合，与股价之间出现了底部背离，在当日剩余的时间里，股价进行整固。

9月30日依然低开高走，与前一日的第一根阳线的开盘价相同，形成平头底部形态，此时MACD指标向上发散，其后股价盘中快速上涨，突破了前一个交易日的高点，给出看涨抱线形态的有效验证，构成买点2。

此后股价稳步上扬，在达到下跌趋势线之时承压，在10月11日开盘后，该趋势线告破，上涨趋势确立，构成了重要的买点，为买点3。稳健的投资者应该把突破重要的压力位作为主要的参考信号，在这里值得注意的是，在2010年9月30日10时之后的两个时间单位内，出现了两根十字星线，如何看待这一星线的性质是值得思考的。首先是它出现的位置，当股价启动之初，从本身意义来看出现的星线是属于进退两难的市况，而实际上往往是买方对股价进行整固之时。其次是它出现的时间，通常情况下，为两个时间单位。若在这两个时间单位内，股价并未向下运行，而是继续上扬，此时还可以构成一个新的持续性的买点。

买点10：白色三兵的买点

实战示例

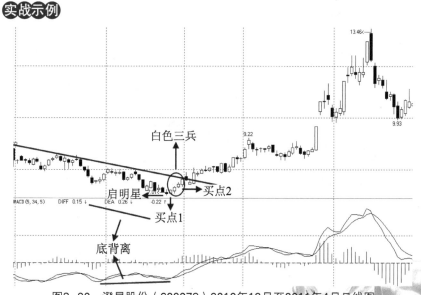

图3-20　澄星股份（600078）2010年12月至2011年4月日线图

形态解析

● 白色三兵形态是由三根依次上升、重叠出现的阳线组成。

● 要求：第二根阳线开盘价在第一根阴线实体内，第三根阳线开盘价在第二根阳线实体内。但这种理论上的最佳图形是很难见到的，在市场中，通常都是白色三兵标准形态的变体，但不会影响它的作用。

● 白色三兵通常为各种底部反转形态的延续确认，如刺透形态后面跟随着两根依次降低重叠的阳线，为刺透形态的延续确认等。

盘面解析

如图3-20所示，2011年1月25日，股价创出新低后，以阴星收盘，此时的MACD指标的值，高于前期低点股价所对应的值。2011年1月26日，股价于前一日星线的开盘价位置开盘之后，小幅上扬，进入星线之前的阴线实体，这三根线构成了启明星形态，该位置的小阳线构成了买点1。此后的两日，涨幅较小，收盘价均接近当日最高价，此时这三根K线便构成了白色三兵形态，白色三兵形态中的最后一根阳线所对应的MACD指标与前期股价之间形成了二度背离，加强了买进信号的可靠程度。并且白色三兵形态的第三根阳线处，构成了买点2。次日的走势涨幅扩大，上穿了原下跌压力线，构成了新的买点，为买点3，同时也验证了白色三兵所提示的稳步上涨趋势。

分时图实战示例

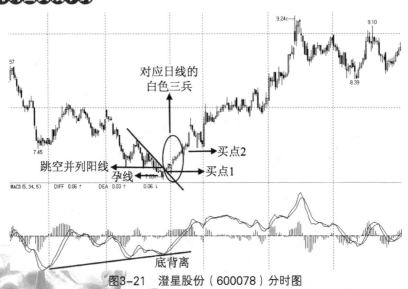

图3-21　澄星股份（600078）分时图

盘面解析

如图3-21所示，在白色三兵形成的前一日分时图中，表现出股价可能见底的迹象，1月25日13时与14时的两根小时线，构成了底部反转孕线形态，这为次日的上涨打下了伏笔。同时也能发现在MACD指标的柱状图中，柱状图逐渐缩短，向零轴靠近，其表现为股价向下趋缓。次日开盘后，直接验证了前一日收市前的底部反转孕线形态，给出了买点1。但股价还受到前期短期的下降趋势线的压制，虽然K线图给出了买进信号，但前方还是有强制的压力位，所以稳健的交易者，应该等待股价向上穿越了这根下跌趋势线之后，作为一个具有趋势性的买点，在下一个时间单位内，与前方阳线构成了向上跳空的并列阳线形态，该形态定义为上涨中继续形态。那么，在市场中出现了该形态，则应该视为股价将继续上涨的信号。此时MACD指标与前期股价重要低点所对应的MACD值形成了底部背离现象，同步给出了买进信号，13时出现光头小阳线进一步确认了该信号的可靠性。

股价在1月27日开盘回试原下跌趋势线的支撑后，继续向上运行，拉开了上涨的序幕，28日9时，股价承接前两日的稳步小幅上涨，在分时图中也可看作构成了前进白色三兵形态。26日、27日和28日这几个交易日在日线级别图表中，对应的也是前进白色三兵形态。在1月28日14时收盘时，MACD的DIFF线向上穿越零轴，上涨趋势此时已初步形成。由此我们可以发现，在操作中从大处着眼，小处着手，更能准确及时地发现交易信号，把握交易信号。

买点11：上升三法的买点

实战示例

形态解析

● 上升三法通常是五根K线组合而成的，它的第一根K线为上涨趋势中的长阳线，中间的三根K线通常为在第一根阳线体内震荡的小阴线，这三根小阴线在阳线体内依次降低，但不允许向下超出第一根阳线的实体外部，第五根为阳线，理论上，开盘价要求高于中间震荡第三根小阴线，收盘价必须高于第一根阳线的收盘价，形成向上的突破，为上升三法。

● 有时上升三法中前后两根阳线内部震荡的K线实体非常小，可以忽略掉这些小K线实体的颜色，有时会在两根阳线之间出现三根以上或三根以下的震荡小K线，只要不破坏上涨三法的规则，这都不影响该形态的持续看涨作用。

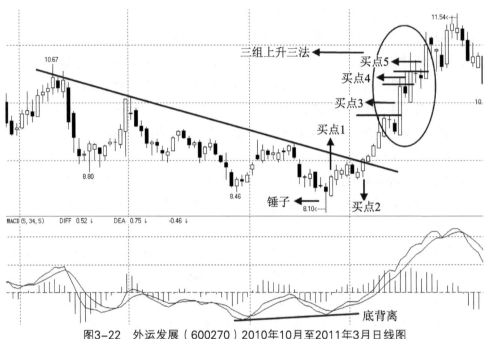

图3-22 外运发展（600270）2010年10月至2011年3月日线图

盘面解析

2011年1月25日，股价以锤子线形态探明低点8.10元后，次日便给出了锤子线形态的有效验证，给出了第一个买点，同时MACD指标中的DIFF线向上折回，经过连续5日的整固之后，股价于2011年2月10日向上突破了原下跌趋势线，构成重要的趋势线买点，为买点2，此时的MACD指标与股价之间形成了底部背离，并且向上发散，确认了市场已经进入上涨趋势。2011年2月16日至2月28日，股价构成了连环三组上升三法形态，每一组调整后的上涨阳线，在突破前方阳线实体时，均构成了买点。

分时图实战示例

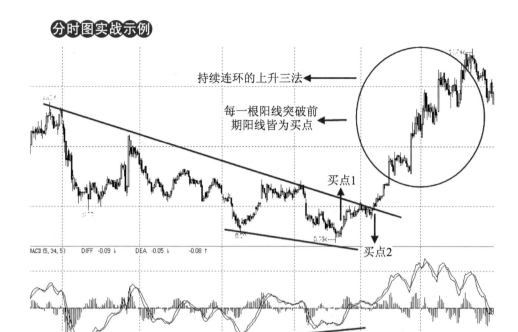

持续连环的上升三法

每一根阳线突破前
期阳线皆为买点

买点1

买点2

MACD (5, 34, 5)　DIFF -0.09 ↓　DEA -0.05 ↓　-0.08 ↑

图3-23　外运发展（600270）分时图

盘面解析

如图3-23所示，2001年1月25日13时这一根锤子线形态确定了底部，在此后的几根K线中，股价均未能跌破锤子线形态的实体，股价在底部分别出现了十字线、锤子线及微小的看涨捉腰带线，预示着股价已跌无可跌。1月26日10时的这一根K线，验证了锤子线等一系列的底部形态，同时MACD指标向上交叉，与股价之间形成了底部背离，发出了买进信号，为买点1。

在股价小幅上涨后，进入横向震荡区间，在震荡区间内，MACD指标向上穿越零轴，显示市场已经进入多头市场。2月10日10时，向上穿越了前期压力线后，涨势彻底确立，形成买点2。

对应日线上的连环上升三法形态，在分时图中呈现出的是阶梯式上升行情，从日线看上升三法中的小K线实体均带有上下影线，此时表现在分时图中似乎让我们无所适从，但有一项原则告诉我们，遇到此种情况以不变应万变，当股价没有跌破前方长阳线的范围时，应持股不动，而每一次长阳线向上突破前高，均为加仓买进的机会。从分时图中，提前为我们提示了一个警示信号，自3月1日开盘后，由MACD指标方面可以看出，我们应该谨慎看涨，此时的MACD指标已经与股价之间出现顶部背离现象，甚至3月8日与股价之间出现了二度背离。当股价按照我们预期的方向顺利发展时，决不能盲目乐观，对市场的走势掉以轻心，提示我们任何时期都要对市场存有敬畏之心。你认真对待市场，市场才会给你带来利润。

买点12：向上跳空并列阳线的买点

实战示例

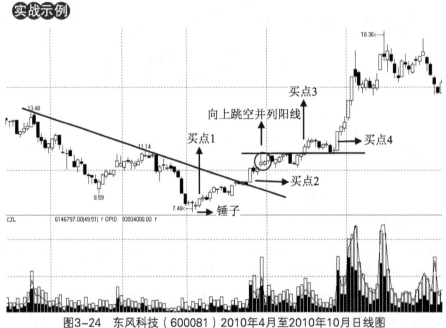

图3-24　东风科技（600081）2010年4月至2010年10月日线图

形态解析

● 向上跳空并列阳线由两根实体相对较小的阳线组成，其要求为：这两根阳线的实体基本处于同一水平位置，并且该形态与左侧上涨阳线形成一定幅度的向上跳空窗口。在实际应用中，并不会经常出现非常标准的形态，并列的两根阳线或许会有位置或是幅度上的偏差，应灵活运用。此形态极其少见。

● 向上跳空并列阳线为看涨持续形态，若后续走势在向两根跳空阳线之上，其指导意义为，虽然出现横盘震荡调整，但市场跌势并未结束，持续看涨；若后续走势承接两根阳线的震荡走势转而下跌，并且回补了该向下跳空窗口，则转而成为顶部反转形态。

盘面解析

如图3-24所示，2010年7月2日，股价探出新底，以锤子线形态收盘，该锤子线形态与前一根星线相对于前方的阴线形态构成了一组底部反转孕线形态，具有了双重看涨的意义。2010年7月5日的阳星，进一步显示了抛盘的衰竭。7月6日股价验证了前方的底部反转形态，构成了买点1。股价在小幅攀升后，于7月26日跌至前下跌趋势线之上。强劲上涨，构成了重要买点2。其后便发生了跳空向上的两根并列的阳线，此后行情便进入了横盘盘整阶段，对市场的上涨进行了整固。8月16日，股价向上突破跳空并列阳线的震荡区间构成买点3。其后在受到来自前震荡区间上限支撑后，构成买点4。

分时图实战示例

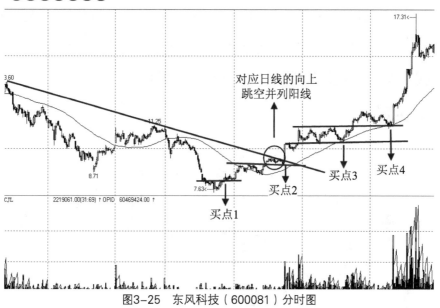

图3-25　东风科技（600081）分时图

盘面解析

如图3-25所示，该股在2010年6月30日至7月7日分时图走势中，构成了一个小规模的圆底形态（详见价格形态）。该圆底在上涨时受到前下跌趋势中向下跳空窗口的压制，稍加整固后，于7月9日10时形成向上突破。本图例中可以将圆弧底部的平台突破处作为买点1，回补前跳空窗口后，构成一个新的买进信号。

7月20日13时，股价上涨受到前下跌趋势线的压制，进入了横盘震荡整理区间，对应日线级别图形为向上跳空并列阳线，该价格区域受到来自前震荡整理区间上限的支撑，于7月26日开盘便强劲上涨，突破了该震荡区间的高点，及前下跌趋势线的压制，形成重要的买点2。7月29日，再次向上强势突破后，股价在该价格区域内进行横盘延展整理，构成了向上的矩形调整形态（详见价格形态）。当该区域内向下调整受到来自前期高点处的水平支撑，及六十日移动平均线的支撑后，股价重新转身向上，再次进入新的上涨通道中，双重支撑处可以作为一个尝试性的买点，为买点3。在向上突破后，稳健的投资者们可以据此建仓了。

股价突破该矩形的上限后，再次进入新的价格震荡区间，而当向下调整时，六十日移动平均线与前矩形形态的上限处，再次对股价构成了重要的支撑。依据前面的经验，这两种支撑均对股价构成强劲支撑，所以我们仍然按此规律，尝试性的买入，作为买点4。成交量均对股价给予了正面的配合。本图例告诉我们，每只股票均有其各自内在的特点，均有适应其价格运行的指标参考，我们应该找到在该股中频繁出现并起了重要作用的技术分析方法作为主要参考。

买点13：向上跳空并列阴阳线的买点

实战示例

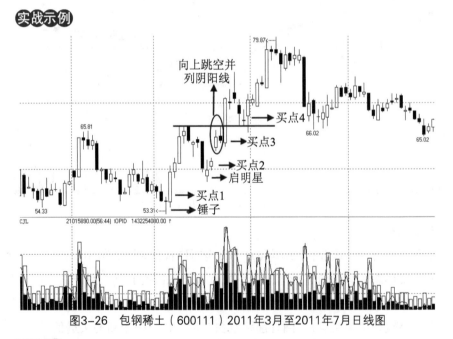

图3-26　包钢稀土（600111）2011年3月至2011年7月日线图

形态解析

● 向上跳空并列阴阳线由两根实体相对较小的K线组成，第一根为阳线，第二根为阴线，其要求为：这两根K线的实体基本处于同一水平位置，并且该形态与左侧上涨阳线形成一定幅度的向上跳空窗口。在实际应用中，很少会经常出现非常标准的形态，并列的两根K线或许会有位置上或幅度上偏差，应灵活运用。

● 向上跳空并列阴阳线为看涨持续形态，若后续走势在向两根跳空K线之上，其指导意义为：虽然出现两个交易日的震荡，但市场涨势并未结束，持续看涨；若后续走势承接两根K线继续向下，并且回补了该向上跳空窗口，则转而成为顶部反转形态。

盘面解析

如图3-26所示，2011年5月5日，K线图方面收出锤子线形态，说明此时长时间调整宣告结束。次日长阳吞没小幅下跌的全部小实体K线图，给出了锤子线形态的有效验证信号，构成了重要的买点1。此后对此波上涨进行小幅修正，于回调低点处形成了启明星形态，次日向上跳空的涨势，给出了启明星形态的有效验证，为买点2。5月20日，再次向上跳空，23日，收出一根与20日实体并列的小阴线，构成向上跳空并列阴阳线，于24日放量突破前高，给出买点3。在后期小幅回调，受到来自前高水平方向的支撑，并且形成启明星形态，构成买点4。

分时图实战示例

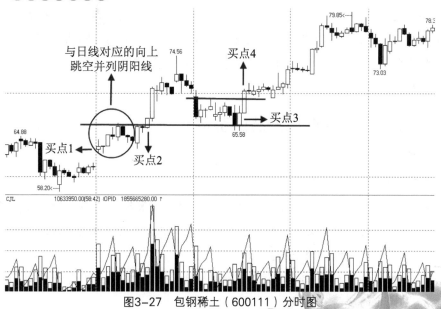

图3-27　包钢稀土（600111）分时图

盘面解析

如图3-27所示，5月18日开盘后，股价低开高走，与前一根下跌阴线形成看涨刺透形成，预示着底部随时可能会来临。在其后的三个交易时间单位内，股价呈现依次下跌的小阴线，可以理解为为此后的上涨进行的一系列铺垫，而5月19日的走势验证了这一点，股价向上突破了前期铺垫的小阴线高点，当日的交易时间内，股价对该上涨进行了整固。5月20日，开盘之后，股价强行向上放量跳空，形成突破之势，也对于前期的看涨刺透形态形成了有效验证，构成了买点1。该向上跳空将前期底部的价格区间统统甩在了身后，而成交量放大，证明此跳空突破的成功率极高，直5月23日14时的交易时间内，股价对该向上跳空进行了强势的整理，巩固了买盘的胜利成果。

5月24日的开盘，股价强劲上扬，吞没了前方的五根K线实体，表现出向上突破的欲望，在以星线整理了1小时之后，于该日的13时，终于向上突破，构成了买点2，股价上涨之势进入了加速状态。

当5月26日开盘后，流星线形态出现后，股价进行了相对较大幅度的回调，该回调低点受到来自前方向上跳空并列阴阳线高点的支撑，与回调的底部形成了平头底部形态，在阳线吞没它前一根阴线时，构成买点3。

在该日13时，股价向上再次突破了前方震荡整理区间的一系列小K线的实体，甚至突破了回调下跌的长阴，此时成交量较之前的调整走势充分放大，构成了买点4。在后续调整走势中，均为强势调整，可以观察到后期两处调整，均以一系列小阳线及小阴线构成，此处于买点1处的底部铺垫形态如出一辙，有异曲同工之妙。

买点14：平头底部形态的买点

实战示例

形态解析

- 平头底部形态是由两根相邻或相距不远处的K线构成，本形态唯一的特点便是这两根K线要具有几乎相同的最低点，因为这两根K线最低点处是相同的，所以称为平头。

- 这两根相邻的或相距不远的K线，像两条腿一样，支撑着价格由下跌转而向上的反转。

- 平头底部形态既可以由实体构成，也可以由影线或十字线构成。只要最低价是相同的，其他的都没有要求。
- 出现两根这样的K线形态后，并不一定具备反转意义，需要其他技术分析手段进行配合，共同给出买进信号。

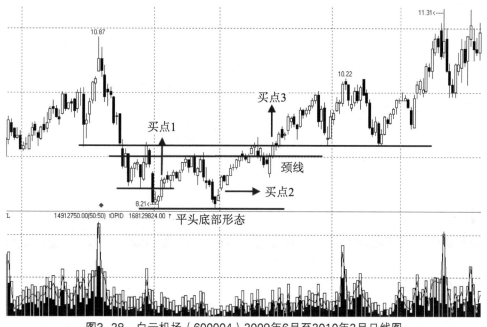

图3-28　白云机场（600004）2009年6月至2010年2月日线图

盘面解析

如图3-28所示，2009年8月31日股价跳空下挫以长阴收盘，但随后两日股价均小幅收阳，实体运行于长阴线的实体之间，成交量明显缩小，显示抛盘力量减弱，于9月30日，以中阳K线向上拉升，当向上突破前一个下跌趋势中的反弹低点时，构成了买点1。股价反弹后再度下跌，于9月29日达到前期低点处，成交量较前期低点明显萎缩，次日高开高走，出现向上跳空窗口，并且与前一个低点构成平头双底形态，给出买点2。11月5日向上突破，8月27日的反弹高点之后，构成买点3。

分时图实战示例

图3-29　白云机场（600004）分时图

盘面解析

如图3-29所示，股价于8月31日14时至9月2日14时，是由多根K线形成的小规模的平头底部形态，构成了这次下跌的低点。值得注意的是，在该底部形态构筑过程中，每次向下突破的K线所对应的成交量都是逐渐减少的。9月3日10时，股价上涨并且突破了这一底部震荡区间的高点，配合成交量有所放大，构成买点1。

此后股价继续小幅上涨，于9月15日13时至9月23日10时，构成了短期平头顶部形态，股价再次下探回试低点。9月29日13时，股价于前一根阴线实体内部低开高走，共同构成了底部反转孕线形态，在孕线之后出现的是一根阴星K线，并没有破坏底部孕线形态，可以看到这一次底部运行中，成交量相对于前期底部有更加明显的萎缩，显示出抛盘力量更加衰竭，涨势指日可待，一触即发，该孕线形态处的低点与前期低点，共同构成了平头底部形态。9月30日开盘后，股价高开高走，给出了底部反转孕线形态的有效性，出现了买点2。

这里的重点是颈线，该颈线水平的压力来自于前期下跌趋势中的最后一个反弹高点处。所以，我们认为，该区域的重要压力为下跌趋势中最后一个反弹高点，而不是双重底形态的颈线。当两个压力位比较接近时，我们应该选取更重要的一条作为交易时的参考。从后面的走势中可以看到，股价在颈线位置有所反复，而实质上是受到了前期高点的压制，当股价最终向上穿过了最后一个反弹高点处的水平支撑后，才真正构成了一个具有趋势性的买点。

第4章 K线的卖出信号

任何一位投资者在参与交易的时候，都力图在第一时间内发现股价的变化或市场趋势的转变，以便提早做出交易决定。而K线反转形态恰恰迎合了投资者的这个愿望。K线反转形态，大多是由一两根或三根组合在一起的K线图揭示出股价反转的警示信号，它可以在第一时间内，向我们提示市场可能出现的变化。当我们看到这些优点的同时，也要发现它是有缺陷的，就是说K线图的反转形态所提供的交易信号只能作为短期的参考，而不能决定市场趋势性的走向。当我们在采用某个反转信号的时候，首先应该考虑的还是趋势，因为在不同的趋势中所发生的交易信号的重要性是不同的，也就是说发生反转的可能性和可靠性也是有所区别的。例如在上涨趋势中，当股价出现回调时，出现的买进信号几乎都比较准确，而此信号在发生之后往往能为您带来较大的利润。而上涨趋势中的卖出信号只能作为短期的卖点，它有可能只是促成股价的短期回调，甚至促成股价的横向整理，暂时让股价的下跌趋于缓和。图4-1为经常出现的K线顶部反转形态。

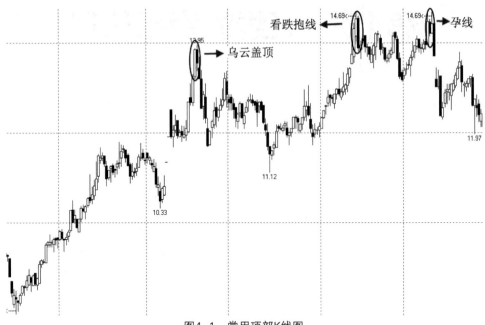

图4-1　常用顶部K线图

卖点1: 向上跳空两只乌鸦的卖点

实战示例

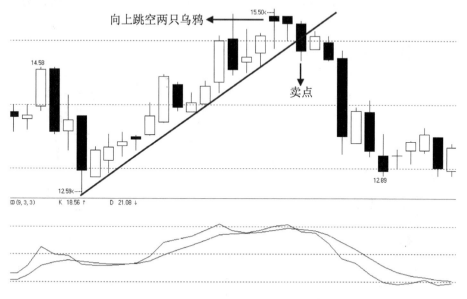

图4-2 华芳纺织（600273）2010年10月至2010年11月日线图

形态解析

● 向上跳空两只乌鸦由两根实体相对较小的阴线组成，该形态像两只站在
树上的乌鸦，向下凝视着。在东方的民俗中，乌鸦代表着不祥的征兆，
所以在股票市场中，是看跌的形态。

● 它必须出现在一段清晰可见的上涨趋势中，两根并列的阴线与前方的阳
线有着跳空窗口。在理想形态中，这两根并列的阴线中的第二根阴线的
开盘价要略高于第一根阴线，其收盘价也要略高于第一根收盘价。但在
实际操作中，是很少能见到如此中规中矩的形态的。通常是经过变化的
形态，所以在使用向上跳空两只乌鸦形态时，一定要灵活。

● 若后续走势向下回破了并列两根阴线左侧的窗口，那么说明该形态为有
效形态，其指导意义为顶部反转，向上跳空两只乌鸦出现的概率非常
小，一旦出现，其成功的概率是非常大的。

盘面解析

2010年11月4日，股价向上穿越了前方阴线的实体，为近期最高的收盘价，

市场中恢复了乐观的情绪，然而次日股价高开破出新高15.50元之后，盘中曾向下深幅回落，最终收出带着长下影线的小实体阴线。11月8日，股价再次高开，即开盘价为最高价，小阴报收，与前一根阴线形成并列的向上跳空阴线，构成本形态，下一日收出长阴，下穿原上涨趋势线，插入前阴线体内，给出卖点。

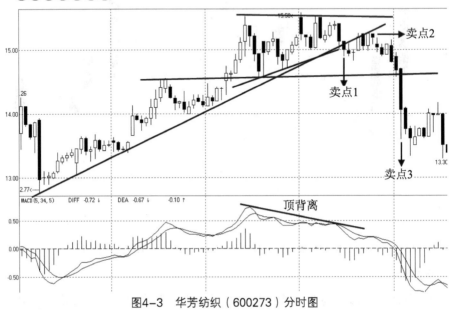

图4-3　华芳纺织（600273）分时图

盘面解析

如果你认真阅读了各个章节，就会有所感悟，所组成形态的K线数量越多，越能更早地看清趋势的发展，从分时图中更能领先于日线级别找到更好的交易点。为什么我们在讲完日线级别的图形后，还要回到分时图中，因为是在相同时间内，分时图所给出的K线数量更多，所形成的形态也更清晰明朗。从本图例中不难发现，向上跳空两只乌鸦与前方的图形共同构成了一组充当顶部的上升三角形（详见顶部反转价格形态章节）。

11月5日9时跳空高开的阴线，开盘价与11月8日这根阴线的开盘价均受到了来自11月2日阳线高点处的水平压力，对应日线的向上跳空两只乌鸦，反应在六十分钟K线图中，与前期上涨高点处的K线共同出现在充当顶部上升三角形的上边线处，而形成下边线的低点在日线图中是无法反映出来的，这也是我们重点强调分时图表的原因。该价格在运行的区间受到两方面的支撑，其一为充当顶部的上升三角形的下边线的支撑，其二为本波段上涨的趋势线的支撑。若股价下破这两条极其重要的支撑线，便完成了充当顶部的上升三角形形态，其指导意义为顶部反转，构成重要的卖点，在三角形区域内，MACD指标与股价之间形成了轻微的顶部背离。11月9日当这一根阴线下破了上述两条极其重要的支撑线后，同时也在日线级别中验证了向上跳空两只乌鸦形态的有效性，给出最佳卖点1，此时的MACD指标向下加速发散运行。此后股价向上回试原上涨趋势线和三角形的下边线，均被这两条已发生角色转换的支撑线压制，反弹结束，给出卖点2。这个卖点出现，股价极速下跌，向下突破了前上涨趋势中震荡平台的高点与三角形形态的最低点，给出卖点3，股价继续大幅跳水。

卖点2：顶部反转孕线的卖点

实战示例

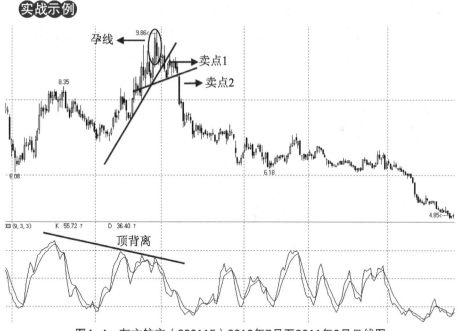

图4-4　东方航空（600115）2010年7月至2011年6月日线图

形态解析

● 顶部反转孕线是由一阳一阴两根K线组成。前一根为相对较长的阳线，后一根为实体相对较短的阴线，如果第二根K线的实体非常小，则可忽略K线的颜色。

- 第一根阳线应将第二根阴线的实体完全包括在内，实体越短，反转的力度越强。但孕线并不是绝对的顶部反转形态，在上涨过程中经常以持续调整的姿态出现，会减缓上涨的速度，预示着顶部即将来临，就像一辆高速行驶的汽车踩下了刹车踏板一样。
- 顶部孕线的判断前提是，出现在大幅上涨行情的末端，若这一上涨行情出现的时间较长，幅度较大，则说明具有顶部反转的可能性，当后续走势在不破坏孕线形态的前提下，向下击穿第一根长阳线的开盘价时，顶部反转孕线成立。若后续向上穿越了整体孕线形态，则说明该孕线仍属于持续形态。

盘面解析

如图4-4所示，2010年10月26日的阳线显示股价上涨趋势依然强劲，大有突破前高之势，但10月27日，股价低于昨日收盘价开盘，突破新高后回落，留下了长长的上影线，以黑色实体孕线形态收盘，而后的三个交易日，股价持续在该孕线形态中阳线的实体内震荡，试图挽回颓势，但2010年11月2日的长阴线，向下击穿了孕线长阳的开盘价，并且同时向下穿越原上涨趋势线，证明该顶部反转孕线形态有效，给出卖出信号。

分时图实战示例

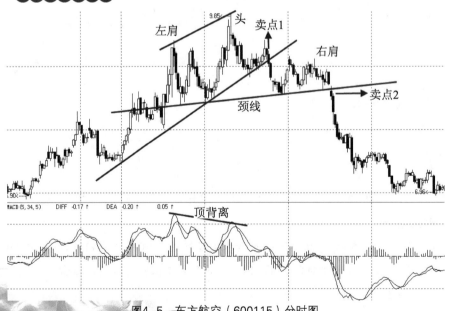

图4-5 东方航空（600115）分时图

盘面解析

值得注意的是，分时图中的K线图分析与日线级别K线图分析相区别，首先应当尊重日线级别的K线图给出的信号，分时图在波动中会频繁地给出买卖信号，所以对于分时图卖出点的确定更要依赖于趋势线移动平均线等其他技术分析手段。如图4-5所示，盘中所出现的几个卖点，如孕线、看跌抱线，但其后续走势均为突破上升趋势线，所以不能作为具有决定性的卖出信号。

2010年10月26日的阳线与27日开盘第一根星K线构成了十字星孕线，这是一个重要的警示信号。当后面的阴线跌破了十字孕线的阳线实体时，股价依然没跌破短期的上升趋势线。作为一个稳健的投资者应该继续观察后续走势，直到11月2日13点的六十分钟K线，向下击穿了短期上升趋势线后，给出第一个卖出信号。同时结合MACD指标的顶部背离，与该阴线下穿中短期所有移动平均线发出卖出信号，加强了该卖出信号的准确性。该卖点提前于日线级别11月2日的突破一小时给出卖出信号。

此后股价小幅反弹，进入平台震荡区间。根据10月18日10点至11月4日9点的走势，股价又构成了著名的头肩顶形态，将头肩顶的两个波谷相连结，该直线为头肩顶形态的颈线。11月12日9点，股价向下跳空低开，直接向下穿透了颈线，与此同时，MACD指标在零轴处向下折回，并且向下发散，与价格形态同步发出卖出信号，跌势正式确立，此处为卖点2。

卖点3：流星线的卖点

实战示例

形态解析

- 流星线形态是由一根K线构成，属于单日反转形态之列，它具有相对于影线的长度较短的实体，可以是阴线，也可以是阳线。上影是实体的两到三倍以上，上影线越长说明顶部反转力量越强。

- 它必须出现在一段清晰可见的上涨趋势末端，若该流星线与它前后两日的K线形成跳空窗口，则反转的意愿更加强烈，流星线形态需要后续走势的验证，若后续走势的收盘收于流星线实体之下，则该形态持续有效。若流星线实体被后续走势向上突破，则证明该流星线失效，失去顶部反转的指导意义，股价将进一步上涨。

图4-6　上海机场（600009）2010年6月至2011年1月日线图

盘面解析

　　如图4-6所示，2010年11月8日所收的流星线形态，并不是理论上非常理想的流星线形态，它的下影线略长，并且其左侧的向上跳空窗口被影线回补，但这并不影响该形态发挥其顶部反转的作用。在我们具体的实际图表中，不规则的K线图形态是非常常见的，重点在于真正理解各种形态所具有的指导意义。首先我们应该注意，2010年10月18日的长上影线星线代表市场在该价格区域所承受的抛盘压力非常大，这无疑成为后续走势的隐患，以至于该流星线在突破10月18日的高点后，受到了来自水平方向的压力而回落，这也是该流星线形成的市场内因。11月9日，股价平开低走，插入了流星线之前阳线的实体内部，给出了流星线形态的有效验证。该流星线与前高构成了双重顶形态，11月12日长阴向下突破双重顶形态的颈线，反转趋势线确立。

分时图实战示例

图4-7　上海机场（600009）分时图

盘面解析

如图4-7所示，2010年11月8日开盘，股价跳空高开，突破前高后回落，留下了长长的上影线，股价冲破前高后迅速回落，说明市场中的多方阵营无力推动股价继续上涨，买盘开始衰竭，空方抛盘力量略显强大，如此便构成了一个警示信号。下一个时间单位，股价与流星线又构成了看跌抱线形态，首先给出了流星线形态的有效验证，股价随之回落，在关闭了流星线左侧的跳空窗口后，继续回落，该日收盘前，确定了窗口必将回补，给出卖点1的卖出信号。

此后股价试图回试窗口，在窗口下限处受到了来自窗口的压力，以看跌抱线形态结束了向上反弹走势，如果细心观察，它还是一组黄昏之星顶部反转形态，而当顶部反转形态出现在下跌趋势的反弹中时，其反转效果将大大加强。在看跌抱线的次日，股价低开，直接跌破了前方反弹低点，确认了看跌抱线的有效性，构成了卖点2的卖出信号。同时，在卖点2处之前，MACD与股价之间形成了顶部背离状态，股价在窗口承压回落后，确认了顶部背离的形态，加强了卖点2的准确性。

10月18日10点与11月8日9点处的高点，分别形成了双重顶形态的两个头部，高点之间的波谷谷底的水平价格，作为双重顶反转形态的颈线，股价在11月12日13点，向下突破了该颈线。同时，MACD指标中的DIFF线向下穿越零轴，代表股价短期内进入了下跌趋势。由本图例中，可以得出一个推论，在判断顶部形态的时候，应该重点关注前高水平方向的压力位，而前高的价格形态会对当前的股价产生巨大的压力。

卖点4：乌云盖顶的卖点

实战示例

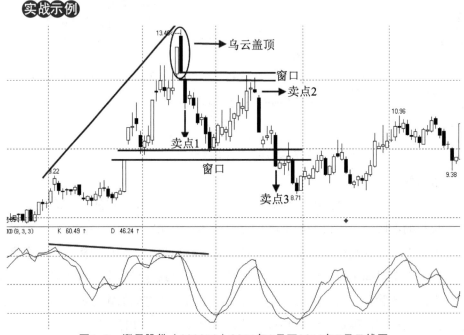

图4-8　澄星股份（600078）2011年2月至2011年7月日线图

形态解析

● 乌云盖顶是由一阳一阴两根K线组合而成，第一根为阳线，第二根为阴线。阴线的要求是最高价要高于阳线的最高价，并且阴线的实体要插入阳线的实体内部。理论上，最佳的形态为阴线插入阳线实体50%以上。

● 此类反转形态发生在一段大幅上涨行情的顶端，其反转概率极高。乌云盖顶形态出现后，若后续走势跌破该形态中的阳线实体之下，则该形态为有效形态。若后续走势向上突破了该形态的阴线实体，则该形态为无效形态。

● 乌云盖顶形态出现于强势上涨行情中，向上跳空高开后直接回落，这类形态属于"无征兆的反转"类型。

盘面解析

2011年4月18日，股价相对于前一个交易日，高开高走，股价以长阳光头涨停收盘，强势尽显，市场后势可期，绝大部分投资者对于后势都有着乐观的心态，并无任何反转迹象，但是若细心观察前几个交易的走势，会发现均带有长长的上影线，这种形态代表着股价处于风口浪尖上，这一价格区域的压力是显而易见的，而这根长阳线的出现，多少显得有些诡异，所以需要格外注意。而次日的走势，高开之后仅小幅冲高，便快速回落，不仅未能守住涨势，还失去了昨日阳线所侵占的大部分失地，验证了昨日的担心。此时KD随机指标向下交叉，构成了顶部背离形态，增加了反转的可能性。随后股价向下跳空低开低走，吞没阳线左侧五根K线图线的实体，给出了乌云盖顶形态的有效验证，随之卖点出现。

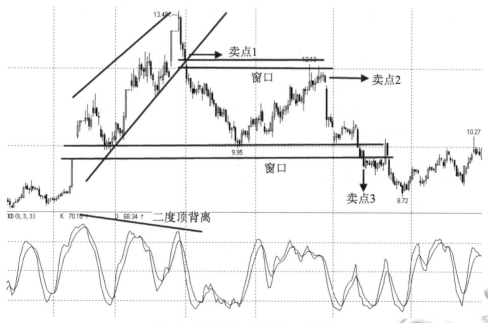

图4-9　澄星股份（600078）分时图

盘面解析

2011年4月18日，股价以涨停收盘，其强势可见一斑。4月19日，承接昨日的涨停强势，股价顺势高开，但多方乏力，未能将股价进一步推高，而是令人失望的在第一个小时内以星线收盘，此星线上下影线均显得较长，可见多空双方意见分歧较大，抛盘开始增加，而买方有退却的意愿，这一小时收盘时，多空双方的力量基本达到均衡的状态，这足够引起警惕。4月19日第二小时，股价高台跳水，深深地插入了前方阳线的实体内部，恐慌情绪蔓延。当跌破了前一日阳线的收盘价时，引发了多方巨量止盈盘的出现，加速了股价的下跌，验证了十字星的担忧。纵观全图，股价再也没有触及到这一高位。同时KD随机指标与股价之间已经出现了二度背离的情况，增强了市场内看跌的气氛。

在4月19日收盘处，该日的收盘价恰好落在前上涨趋势线之上，由于股价未向下穿越该趋势线，所以我们应当继续关注股价的后续演化。4月20日，股价脱离了趋势线的支撑，向下跳空低开低走，跌势得以确认，此处为目前图表中第1处卖点。随后股价大幅快速下跌，在2011年3月25日处所产生的向上跳空窗口处获得了支撑，股价的跌势暂告一段落。进入反弹阶段，价格反弹至4月20日的向下跳空窗口处，反弹走势结束，留下了长长的上影线，在该窗口处承压时，为第2卖点。

股价再次迅猛快速地向下跳空跌落，KD指标与股价之间再次产生了二度顶部背离状况，此时多方大势已去，该回试高点，也是多方的最后逃亡位置。一落千丈的股价此次向下击穿了3月25日的跳空窗口，最后的支撑也随之而去，此处为卖点3，是最后有指导意义的卖点。在本图例中，水平支撑和压力起到了重要的作用。

卖点5：黄昏之星形态的卖点

实战示例

形态解析

● 黄昏之星是由三根K线组合而成，第一根为上涨阳线，第二根为星K线，第三根为下跌阴线。其中要求第二根星K线的实体部分必须高于第一根阳线的实体。理论上同时还要求星K线的下影线与第一根阳线之间存在跳空窗口，但在实际中，这样的图形并不常见。

● 第三根阴线要求插入第一根阳线的实体内部，黄昏之星必须出现在一段
　清晰可见的上涨趋势之中。

图4-10　*ST中葡（600084）2009年8月至2010年7月日线图

盘面解析

2010年1月5日和6日为第一处黄昏之星形态，该形态为双星系统，在该形态之前是运行了一年以上的缓慢上涨行情，该形态中的阳线收势强劲，几乎以最高点收盘，其后的两根星线显示出虽然多方将股价维持在相对高位，但无力再继续向上推升，多空胶着，上下两难。1月7日，股价大幅跳水收阴，向下吞没了黄昏之星形态中阳线的实体，同时KD随机指标与股价出现了顶部背离，共同给出了该形态的有效验证。1月19日，股价二次探顶，与前一个黄昏之星形态如出一辙，两个高点分别构成了双重顶形态的两个头部，股价向下突破颈线之时，双重顶形态得到确认。顶部确立，该双重顶规模较小，其反转力量也较少，预计下跌目标不会很大。

股价下穿颈线后，曾三次反扑双重顶颈线，均受到了双重顶颈线的压制，都未能构成有效突破。股价承压后的下行，构成了反弹高点处的卖点，为卖点3。4月29日，股价连续击穿两条支撑线，中期跌势确立，给出卖点4。

分时图实战示例

图4-11 *ST中葡（600084）分时图

盘面解析

图4-11所示为六十分钟图，2010年1月5日可以看到盘中交投激烈，九点钟开盘承接昨日的走势，惯性高开，但股价光头回落，成交放量，配合成交量可看出，股价抛盘力量强大，结合成交量理论，这是一个非常危险的信号，股价虽然在此后反复上冲，但成交缩量，未能予以配合，并且上冲速度较慢，打破了原上涨走势的速率。1月6日，盘中股价虽然进一步上冲，但成交量方面进一步缩量，加深了对后势上涨的担忧。1月7日，股价盘中曾出现大幅跳水的行情，甚至与前一根K线留下了向下跳空窗口。种种迹象表明，获利兑现的抛盘开始大幅增加，对应日线，该日的阴线深深地插入了"流星线"形态中第一根阳线的实体，从分时图看，提前于日线收盘给出卖出信号。

此后股价陷入大幅向下回调中，至2009年12月24日的向上跳空窗口处获得了支撑，开始向上反弹，股价回升。但在反弹过程中，虽然股价达到了前高的位置，但成交量未能再次放量，反而持续萎缩，说明上涨的动能依然枯竭。由六十分钟对应的成交量可以发现，在股价向下运行中，成交量放大，而在向上运行中，成交量减少。这进一步证明了顶部形成的可能性在增加。

将第二次向上反弹所留下的两个低点连成后为一支撑线，股价于1月21日10时，向下跌破该支撑线时，成交量有所放大，确认了该趋势线破位有效，为我们提供了强有力的佐证，卖点出现。其后，股价受到了双重顶形态中颈线的支撑，小幅反弹，被该趋势线压制而回。反弹过程中，成交量萎缩，说明向上的走势仅仅为下跌趋势中反弹而已。当股价再次向下击穿双重顶颈线之时，股价缩量下跌。可以注意到，在股价回试压力的过程中，成交量均较下跌时有所减小。证明大家对市场的下跌达成一致，顶部确立。

卖点6：看跌抱线的卖点

实战示例

图4-12　ST华光（600076）2009年9月至2010年7月日线图

形态解析

● 看跌抱线形态是由两根K线组成的，第一根为阳线，第二根为阴线。其要求为：第二根阴线的开盘价要高于第一根阳线的收盘价，收盘价要低于第一根阳线的开盘价，第二根阴线将第一根阳线的实体部分完全包住。在股市中是常见的顶部反转形态。

- 若其后续走势低于该形态中阴线的收盘价，则证明该看跌抱线形态有效，其指导意义为顶部反转；若后续走势高于该形态中阴线的实体部分，则证明该形态失效，无任何指导意义。
- 看跌抱线形态的反转力度要强于乌云盖顶形态。

盘面解析

如图4-12所示，前期上涨趋势中，呈现出看涨对称三角形形态，该形态通常预示着最后一波上涨的到来。所以在对称三角形形态出现后，股价于2010年3月10日出现该上涨波浪的最高点。股价在3月8日与9日连续出现两个涨停板，涨势异常强劲。但3月9日的K线图为上吊线形态，值得注意。3月10日，股价高开冲高后，迅速回落，跌穿了前一个交易日的开盘价，构成了看跌抱线形态。配合MACD指标方面，柱状图缩短，给出不祥的征兆。次日股价低开后虽然极力反扑，终无功而返，股价回落至前高水平，获得支撑。进入震荡区间，震荡区间高点受到看跌抱线形态中阴线低点的压制，之后形成了两次乌云盖顶形态和看跌抱线形态，此时MACD与股价之间形成顶部背离，股价突破水平支撑后，MACD向下穿越零轴，进入空头市场，股价一泻千里。

 **分时图实战示例**

图4-13　ST华光（600076）分时图

盘面解析

2010年3月10日9时开盘后，在昨日高点之上，在这一时间单位内，股价宽幅震荡，在昨日强势的基础上，市场本应强劲上涨，而出现激烈震荡情况则应引起我们的注意，这一单位内K线图形成了长上下影线的星线，容易使投资者人心涣散。下一小时内，股价向下跌落，在昨日涨停板处获得暂时的支撑。值得我们关注的是，这两个小时内的成交量，较之前的成交量是递减的，而成交量是推动股价上涨的源动力，这种量价背离显示了买方力量在减弱。在3月10日11时这一时段，股价向下跌破了日线级别中前一个交易日的阳线实体之外，在日线级别上形成了看跌抱线形态。3月11日，股价平开小幅反弹，在星线的实体下方，受压回落，股价在3月11日14时，跌破了当日的盘价也就是说低于日线级别中看跌抱线中阴线的实体之下，给出了有效验证，同时在日线级别上也给出了卖点。在分时图中，跌破当日9时开盘的阳线低点，也成为分时图表中第一个卖出信号。而这一低点的水平压力，在今后的股价运行中，也起了至关重要的作用。

此后股价进入了长期的宽幅震荡区间，在震荡区间的高点，正是我们之前所提到的3月10日收盘价处，压力强劲，此处为震荡区间的上限，在此处，也可以作为一个卖点进行参考。股价继续下行，于4月29日向下跌破前震荡区间的低点，同时，该低点也是前期上涨阶段中震荡平台的高点，按照道氏理论来讲，此处的突破具有重大反转意义。再看成交量，在此时也缩至低量，显示买盘信心尽丧。

在后期的震荡区间内，成交量逐渐萎缩，这符合向下看跌持续调整形态的成交量要求，事实也验证了这一点。在震荡结束后，股价快速下跌中，成交再次放量，显示了市场中悲观的氛围。持股者急于脱手，下跌趋势确立，该跌势的最低点处为4.59元，下跌了近一倍有余。

卖点7：上吊线的卖点

实战示例

形态解析

● 上吊线是单根反转K线形态之列的一种。要求该K线实体部分相对较小，理论上最佳形态为无上影线，若形态中出现上影线，以短到忽略不计

图4-14 宁波联合（600051）2011年5月至2011年8月日线图

为佳，下影线长度为实体部分的两到三倍以上，上吊线本身的颜色无关
紧要。

● 若后续走势向下突破了上吊线的最低价，说明该形态为有效形态，其指
　导意义为顶部反转；若后续走势向上突破了上吊线的实体部分，说明该
　形态为无效形态，无任何指导意义。

盘面解析

如图4-14所示，当2011年5月30日，在高点下跌至短期低点处，形成了启明
星形态，股价经过小幅上涨进入了横向的震荡整理过程。在震荡中，底部逐渐向
上抬高，在该震荡区间震荡探底的过程中，2011年6月20日，再次出现了阴线，
与前后两根K线再次形成了启明星形态。在2011年7月1日，股价向上突破了反弹
高点。从道氏理论讲，这是上涨趋势初步形成的一种迹象。这一天构成了买点，
其后股价连续两次向上跳空，当第二次跳空出现后，股价受到来自前方高点的水
平压制，形成了上吊线形态。值得注意的是，在上吊线的第二天，股价出现了疾
速冲高的过程，在突破了上吊线的高点后，迅速向下回落，形成了流星线形态，
此时在这个顶部，便具备了两组K线反转形态。股价在下跌过程中，受到原向上
跳空窗口的支撑。2011年7月20日，股价在关闭窗口之后，继续下行，突破了原

跳空窗口的支撑，形成了一个突破卖点。而此时MACD指标也与股价出现了顶部背离，进一步验证卖点的可靠。

分时图实战示例

图4-15　宁波联合（600051）分时图

盘面解析

如图4-15所示，如日线图中第一个低点的买进信号，是在2011年5月31日开盘后形成的，是一个小级别的启明星形态，MACD指标在零轴之下出现金叉，确定了一个阶段性的低点，此后股价在震荡的过程中，均呈现ABC三浪走势，6月20日的二次探底过程，在小时线中体现为看涨抱线形态，其后长阳上涨，确定了买进信号。MACD指标向上再次交叉，准确的买点信号是发生在2011年7月1日开盘时，此时股价向上突破了前方的反弹高点，形成了突破买点，而MACD指标在零轴之上发生金叉，显示在目前的强势中出现了买进信号，所以该处的买点是比较有意义的。

2011年7月4日，在第一个单位交易时间内，股价便向上跳空高开高走，以涨停板收市，结束了一天的行情，在此前我们有过一个观点，开市的一小时决定一天的行情走势。此时我们来看下日线中的上吊线形态是怎样发生的。

2011年7月5日开盘，股价向上跳空后，便形成了上吊线形态，其后，全天的股价波动都处于该上吊线的实体范围之内，说明此处的上吊线对全天的股价均产生了影响，而2011年7月7日开盘的第一个小时便确定了流星形态，在当日收盘时，流量线得以验证，形成卖点。同时，这根阴线也对前方的上吊线起到了验证作用。其后面临的是前方的向上跳空窗口的支撑。

当这一卖点出现时，MACD指标也于高位出现了死叉，发出了卖出信号，可以看到，前方高点的压力，在此处显示了强大的作用，至2011年7月20日，股价均受到了前方跳空窗口的支撑，并再次向下关闭原向上跳空窗口，给出卖点，而此时MACD指标下穿零轴，进入了弱势区。

卖点8：三只乌鸦的卖点

实战示例

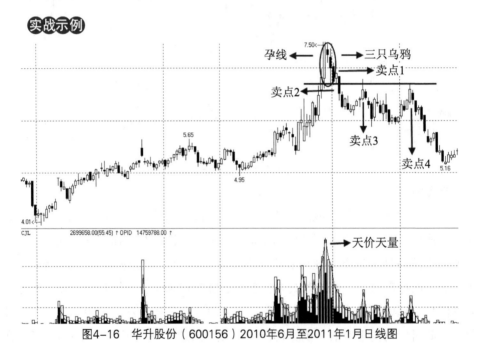

图4-16　华升股份（600156）2010年6月至2011年1月日线图

形态解析

● 三只乌鸦形态是由三根依次降低、重叠出现的阴线组成。

● 要求：第二根阴线开盘价在第一根阴线实体之内，第三根阴线开盘价在第二根阴线实体之内，但理论上这种最佳图形是很难见到的，在市场中，通常都是三只乌鸦标准形态的变体，但不会影响它的作用。

● 三只乌鸦通常为各种顶部反转形态的延续确认，如乌云盖顶后面跟随着两根依次降低重叠的阴线，为乌云盖顶形态的延续确认等。

盘面解析

如图4-16所示，2010年11月26日，股价以长阳涨停收盘，其上涨之势势不可挡，该日所对应的成交量为历史走势中最大的成交额，就此一阶段来看，依然形成了"天价天量"，然后，出乎意料的是，第二日的走势并没有承接前一交易日的涨势，而是在阳线体内开盘，突兀地令其涨势戛然而止，当天股价在其前方阳线体内宽幅震荡，以阴线收盘，吃掉了昨天涨停所吞没的大面积失地，天价天量背后的故事作为图表分析者不必过多地去探究，我们只相信眼前的事实。当股价涨幅被逐渐吞没之时，这种现象表明，买盘已经退却，而获利兑现成为主流，随着成交量逐渐萎缩，可以得出的结论是买盘开始撤退。所谓顶部的形态，并不是空方的力量骤然大增，压倒多方，而是多方阵营内部的叛变，导致无人接盘，而形成顶部。当股价完全吞没了这一根长阳实体之时，卖点1出现，股价在三只乌鸦的次日，出现了一天向上的小幅调整，但随后的股价迅速向下跌破了三只乌鸦的最低点，即长阳线的最低点了，给出第2个卖出信号。卖点3与卖点4，皆是受到三只乌鸦形态最低价位的压制所形成的看跌孕线所构成的卖点。

分时图实战示例

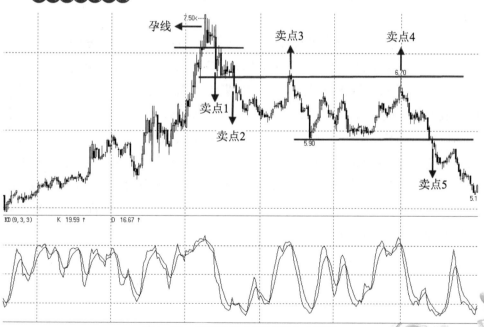

图4-17 华升股份（600156）分时图

盘面解析

如图4-17所示，11月26日14时的最后一根阳线以涨停收盘，上涨之势强劲，暗示我们下一个交易日可能依然强劲，但此时KD指标已然进入80刻度以上，为超买区。次日的开盘显然令市场中大多数投资者大跌眼镜，股价并没顺势高开，而是在其体内低开低走，宽幅震荡。

而投资者对于今日的低开，受昨日收盘的影响，可能会认为是入市的好时机，这或许就是昨日股价强劲上涨所要达到的效果，其目的就是诱导众多散户，逢低接盘，主力伺机而派发，全身而退，可以看出此时KD指标依然自80刻度处向下发散，给出了卖出信号。如果你是一个纯粹的技术分析者，那么此时就会为你提供一个非常隐蔽的潜在的卖出信号。

此后股价于长阳线的实体内部上下震荡，在这些小实体的K线中，均留下了长长的上影线，显示出盘中每次上涨都会引发抛盘的介入，这些上影线应该给你足够的警示，这已然成为了一个组合的顶部孕线形态。11月30日10时的长阴线下穿组合孕线中长阳线的实体，给出卖出信号，为卖点1。若细心观察，KD随机指标已由80刻度以上向下穿越，并且发散，更加验证了该分时图中顶部反转孕线的可靠性。

卖点1形成之后，股价在该阴线实体的下方，进行了小幅震荡调整，形成了一个横盘震荡整理的平台，当股价向下跌破该处低点水平时，给出第2个卖点。此后股价一路下跌，在前期上涨趋势中震荡平台的高点处获得支撑，在下跌过程中，股价与KD随机指标出现了一次短暂的底部背离，促使股价在短时间内向上快速地反弹，但在反弹途中，两次受到了来自卖点2处的水平压制，此二处形成反弹高点，为卖点3和卖点4，卖点4是一个十字黄昏星的顶部反转形态，股价此后大幅下跌，突破了前期两次反弹所构成的宽幅震荡平台的低点，下跌趋势再次被确认，给出卖点4。在此一波下跌的趋势中，可以发现每一次向上反弹高点所给出的卖出信号，都是准确无误的。

卖点9：看跌捉腰带线的卖点

实战示例

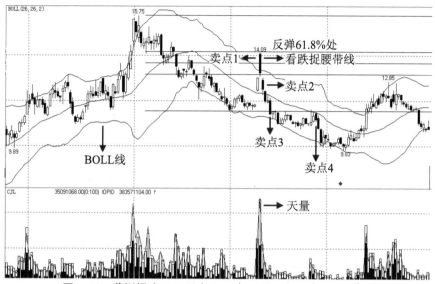

图4-18　葛洲坝（600068）2010年11月至2011年7月日线图

形态解析

- 看跌捉腰带线属于单根反转K线之列的形态，它是由一根没有上影线的光头阴线所形成的。形成该形态的条件非常简单，首先它必须出现在一波清晰可见的上涨趋势中，该上涨趋势规模不分大小（可以是大幅上涨趋势的顶端，也可以是向上反弹的高点）。其次，它必须有下影线，但其下影线的长度不应过长。

- 若后续走势向下跌破了该形态的最低点，证明该形态为有效形态，为顶部反转形态；若后续走势向上突破了该形态实体之外，则证明该形态为无效形态。也正因为形成该形态的条件过于简单，所以最好有其他技术分析手段与之相配合，共同给出卖出信号为最佳。

盘面解析

如图4-18所示，2011年4月20日的上涨，来势突然，股价收于BOLL线中轨之上，但没有确认趋势反转之前，任何一次上涨都必会反弹。此时我们应该积极找出股价潜在的反弹压力位。2011年4月21日，股价承接前日涨停，以涨停价开盘于BOLL线之外，远远偏离BOLL线上轨，股价有回落至BOLL线内部的要求，同时股价开盘于反弹的61.8%处，是潜在的压力位，以上均提示我们股价极有可能回落，61.8%处的反弹本身已构成了卖点。该日放天量形成捉腰带线，次日股价跳空低开，进入前日阳线，构成卖点2，在跌破前下跌低点处形成卖点3，后期回试该位形成卖点4。

分时图实战示例

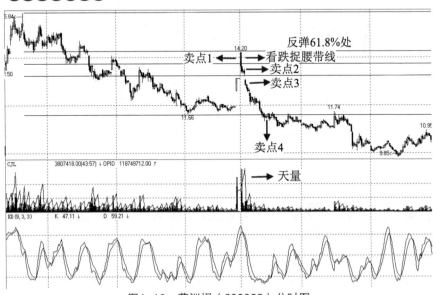

图4-19 葛洲坝（600068）分时图

盘面解析

如图4-19，此次反弹可用昙花一现来形容，来得急去得也快，本次战役决定性的卖点在4月21日开盘的第一个小时，此卖点一出，则胜负已分，其后势卖点，均是对前期卖点的验证，都是进一步逃命的信号，此图正应了本章之大标题，一叶落而知天下秋，天下秋则无边落木萧萧下，本次反弹隐含着一个潜在的压力位，便为前期下跌的黄金分割点位。若你破译了这个密码，发现了这个细节，便可在反弹结束之前，全身而退。当日开盘即以涨停价开盘，而此价与前期下跌反弹61.8%幅度的压力位极其接近，考虑到该处为重要压力位，在没有确定形成上涨趋势的情况下，相对应的日K线也向上严重偏离了BOLL线的上轨道线，这两处潜在的压力提示我们，一旦涨停出现松动，则应该立即抛出手中的股票，以防止跳水行情的发生。在此时出现了巨大的成交量，但股价的走势是向下的，可见主力抛盘态度异常坚决，并且前两日的拉升也是早有预谋的，而不明真相的散户却在积极买进，接下了主力手中的最后一棒。

在下一个交易时间单位，股价继续下滑而成交量急剧萎缩，证明买方已经预感到潜在的危险，不再积极介入，同时KD指标于超买区出现死叉，在后半个交易日中，股价并未见丝毫向上的意愿，成交量维持较低水平，给出了卖出信号，为卖点2。次日向下跳空开盘，回补了前一个交易日所造成的向上跳空窗口，回补窗口时给出卖点3。当日股价完全消化了前期的涨停阳线，即便在卖点1与卖点2处，尚对后势抱有幻想，在卖点3处，也应看清了主力的阴谋，应坚决离场。其后股价在无悬念快速下跌过程中，再次回破了更前方处的跳空窗口后，跌穿前方反弹的起点，此时多方大势已去，再无回天之力，给出最后的卖点，为卖点4。

卖点10：看跌反击线的卖点

实战示例

图4-20　*ST秦岭（600217）2009年6月至2010年8月日线图

形态解析

● 看跌反击线是由两根K线共同组成的。要求：第一根为上涨趋势中的阳线，第二根为上涨趋势末端的阴线，该阴线高开低走，收盘价与前一根阳线的收盘价处于同一位置。但实际运用中，它们的收盘价未必完全相同，需要灵活运用与掌握。其中阴线高开的幅度越大，其反转的力量便越强。

● 若后续走势向上突破了该形态中阴线的收盘价，证明该形态为有效形态，指导意义为顶部反转；若后续走势向上突破了该形态的最高价，证明该形态为无效形态，无任何指导意义。

盘面解析

如图4-20所示，前期股价在经过连续涨停之后，2010年2月11日再次以涨停开盘，但开盘后便巨幅跳水，跌去了前一个涨停的全部涨幅，市场犹如给买盘当头一棒，成交量也相应的有所放大，由巨量的成交量可见，抛盘力量态度异常坚决，这一阴线对后势产生了深远影响。经过小幅调整后，3月1日股价再次以涨停报收，而次日的股价高开后，受到前方巨量阴线的沉重压力，股价再次呈现高开低走的局面，在此阶段逢高抛售已成为主基调，可发现这两次的高开低走，均较之前有所放大。经过一日的调整后，3月4日股价低开低走，深深插入前方涨停阳线的实体，验证了看跌反击线的有效性，构成卖点1。其后股价在向下跌破了前期震荡区间的低点水平时，构成卖点2。下跌后股价经过小幅反弹，形成反弹高点，以星线结束此次反弹走势，下破该反弹支撑线后，形成卖点3。

分时图实战示例

图4-21　*ST秦岭（600217）分时图

盘面解析

如图4-21所示，在股票市场有一种非理论性的研究，当日开盘的第一个小时将预示着当日行情的走势，甚至是前十五分钟。其道理非常简单，在经过一夜的时间，通过对前日走势的总结，投资者重新综合了各种因素的分析，及对前日市场情况的理解与研判，而结果最终反应在次日开盘的初期。而收盘前的一小时，甚至是半小时之内，则是投资者通过当日一天的观察，对后期的走势做出新的判断所反映出来的结果。所以在分时图中，开盘及收盘的走势是至关重要的，结合此观点，我们来分析一下本图例的分时走势。

2月11日开盘的第一根蜡烛线，股价以涨停开盘后，直线跳水，集中体现了交易者通过收盘后的总结和分析所得出的判断结果，都表现在了该日第一个交易时间单位内，而当日后半段的股价为承接第一根长阴线所做出的后续反应。3月2日开盘的第一根K线与2月11日的K线同出一辙，有异曲同工之妙。在当日后续走势中，同样为第一根下跌阴线的延续，其收盘价与前一个交易日的收盘价相同，对应日线级别K线中，为看跌反击线形态形成。3月3日，股价继续下跌，插入了前方阳线的实体内部，再次对应日线图，给出了看跌反击线形态的有效验证，为第1卖点。2月11日与3月2日的第一根阴线中，成交量放大，显示了抛盘压力之重，在后期下跌中，缩量下跌，跌势延续，买方已认同目前该下跌走势，交易清淡。此后的股价跌破前方震荡区间的支撑线时，给出卖点2。在卖点2后的下跌趋势中，多方组织了一次时间跨度相对较长的反扑，但在成交量上并不乐观，此次上涨，基本判定为下跌趋势中的反弹而已。当股价在回试水平压力及前支撑的延长线时承压，形成卖点3。股价在下破该向上反弹的支撑线后，构成卖点4。通过对此图例的分析，基本验证了我们之前所讲的股价在开盘一小时及收盘一小时对市场产生的重要的指导性作用，不可忽视。投资者可据此观点在实际操作中，予以验证。

卖点11：向下跳空并列阳线的卖点

实战示例

形态解析

● 向下跳空并列阳线由两根实体相对较小的阳线组成。其要求为，这两根阳线的实体基本处于同一水平位置，并且该形态与左侧下跌阴线形成一定幅度的向下跳空窗口。在实际应用中，并不会经常出现非常标准的形

态，并列的两根阳线或许会有位置上或者幅度上偏差，应灵活运用。此
形态极其少见。

- 向下跳空并列阳线为看跌持续形态，若后续走势在向两根跳空阳线之下，其指导意义为，虽然出现阳线，但市场跌势并未结束，持续看跌。
若后续走势，承接两根阳线继续向上，并且回补了该向下跳空窗口，则
转而成为底部反转形态。

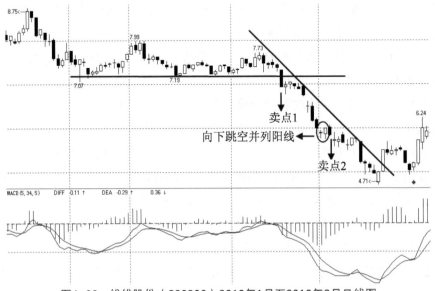

图4-22 维维股份（600300）2010年1月至2010年6月日线图

盘面解析

如图4-22所示，当股价于2010年4月19日下破震荡平台的支撑线后，进入了
新的下跌趋势，这根光头光脚的长阴线构成了卖点1。在2010年5月4日及5日，股
价在极速下跌后，形成了两根向下跳空的并列阳线，该并列阳线代表市场陷入多
空观望状态，多空双方暂时达成一致。而第二天，股价高开低走，向下吞没了这
两根向下跳空的并列小阳线，表示短暂的修整已经结束，空方力量再次压过多
方，构成了卖点2。事实表明这两根阳线是下跌中的持续形态，后势仍存在下跌
空间，市场已在卖点1处形成了最佳卖点。如果心存侥幸，并没有在卖点1处抛出
手中的股票，此时在卖点2处也应该及时了结，很多投资者认为，只要不止损，
则仅为账面亏损，并没有发生实际的亏损，这种观点是错误的，不但增加了机会
成本，还会受到被套的心理煎熬，其后必定失去了以更低价位进场的良机。岂不

知，股价下跌后再次低位接回，会摊抵持仓成本。若股价上涨，会在短时间内弥补前期所造成的亏损。

分时图实战示例

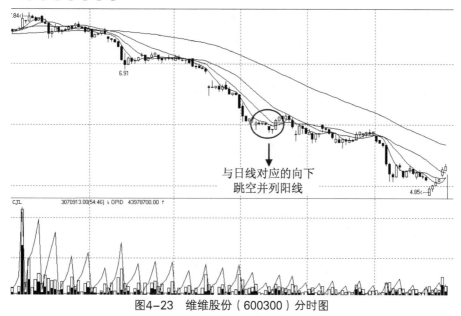

与日线对应的向下
跳空并列阳线

图4-23　维维股份（600300）分时图

盘面解析

如图4-23所示，对应日线的向下跳空并列阳线处，在分时图中，表现为小幅的横向震荡，虽然在分时图中5月5日10时与前后两根阴阳线，构成了疑似的微型锤子线形态，在出现小阳的初步验证后，后期走势随着5月6日14时的阴线下跌插入前方阳线实体，证明该形态没有得到进一步的验证，而所对应的成交量，表现出成交处于低迷状态，没有丝毫放量配合的现象，说明股价不具备向上突破的力量，而更多表现出来的是市场的观望态度，结合移动平均线来看，由于股价偏离中期移动平均线较远，表现出来的是短暂的拉回效应，移动平均线未给出有效的明显的买进信号，根据我们所讲过的底部反转形态，包括量价配合和其他辅助技术分析方法来看，股价向上反转的概率微乎其微，在实际的操作当中，绝大多数投资者之所以饱受被套的煎熬，究其原因，不外乎两点，其一，不能准确地判断反转形态及市场趋势，其二，人性的弱点所导致的贪婪及侥幸。

验证是技术分析的基石，如果没有验证的话，技术分析可能比用掷硬币的方法来指挥交易的成功率更低，分时图虽然有向上的迹象，但对应日线5日的阳线，虽然回补了窗口，但在回补窗口后，股价并没有继续上扬，并且没有向上的验证，证明此时是底部反转形态，所以分时图给出的短期的交易信号，还是需要相对于分时图更长期的日线图表来进行验证后，成功率才更大一些。

当股价出现小幅波动时，被套投资者的心理就会燃起强烈的希望，这是人性弱点所导致的。而技术分析者除了要准确无误地掌握足够的技术分析手段，更重要的是克服人性的弱点。在准确判断趋势的基础上，卖点出现则卖，准确的买点出现则买，不能掺杂任何个人感情色彩，这是作为一个成功的投资者必备的条件。

卖点12：向下跳空并列阴阳线的卖点

实战示例

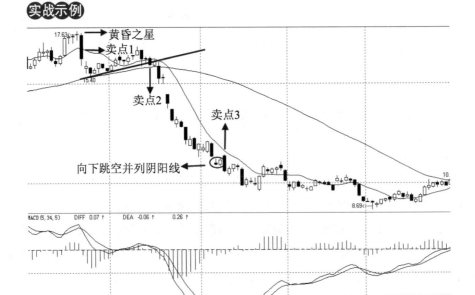

图4-24　华泰股份（600308）2010年3月至2010年7月日线图

形态解析

● 向下跳空并列阴阳线由两根实体相对较小的K线组成，第一根为阴线，第二根为阳线。其要求为，这两根K线的实体基本处于同一水平位置，并且该形态与左侧下跌阴线形成一定幅度的向下跳空窗口。在实际应用中，很少会出现非常标准形态并列的两根K线或许会有位置上或幅度上的偏差，应灵活运用。

● 向下跳空并列阴阳线为看跌持续形态，若后续走势在向两根跳空K线之下，其指导意义为，虽然出现两个交易日的震荡，但市场跌势并未结束，持续看跌；若后续走势承接两根K线继续向上，并且回补了该向下跳空窗口，则转而成为底部反转形态。

盘面解析

如图4-24所示，2010年3月17日至3月23日，构成了一个组合的顶部黄昏之星形态，3月23日的长阴线向下吞没了黄昏之星前方的长阳实体，同时验证了顶部黄昏之星的反转信号，构成卖点1。当股价于2010年4月15日向下跌破前上涨趋势线之后，形成卖点1，此时MACD指标在零轴之下出现死叉，验证卖点2。但该日股价受到60日移动平均线的支撑，稳健的投资者应该继续等待卖出信号的进一步验证。2010年4月19日，开盘后股价向上小幅反弹，迅速向下跌破并脱离60日移动平均线，进一步确认了下跌趋势。在极速下跌后，2010年5月7日与10日形成了向下跳空并列阴阳线，与前方的阴线实体之间出现了向下跳空窗口，5月11日，股价于向下跳空窗口处开盘，同时受到10日移动平均线的压制，向下跌落，吞没了跳空并列阴阳线，证明了该形态为市场中的下跌持续形态，若此时尚有持仓，当立即了结，持币者应该继续等待。

分时图实战示例

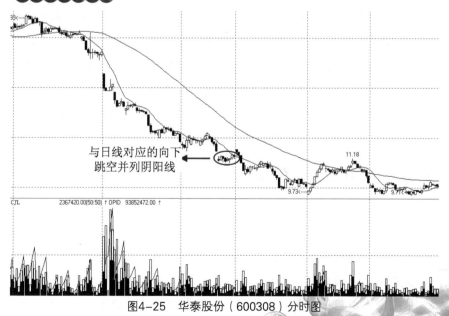

图4-25 华泰股份（600308）分时图

盘面解析

如图4-25所示，5月7日开盘后，在第一个交易时间单位内，股价形成了向下跳空的十字星线，此时成交量稍有放大。在此后的几个交易时间单位内，股价没有向上尝试回补跳空窗口，而是进入了横盘震荡调整区间。在5月10日13时，股价曾试图向上尝试回补跳空窗口，但是受到了10日移动均线的压制，而此时的成交量与横盘阶段的成交量相比是萎缩的，这样就让人怀疑其上涨的力度。在14时，股价依然受到了10日移动平均线的压制，以星线收盘，此时成交量继续减少，根据移动平均线与成交量的分析方法进行辅助研判，该形态极有可能只是一个短暂的小幅调整，是否能够向上突破窗口，仍需后期走势的进一步验证。而在5月11日开盘后，股价虽然高开，但是60日移动平均线仍对其产生压制作用，股价虽然在向下跳空窗口之上开盘，但随即便向下回落，以小阴线收盘。而接下来的两个时间单位，股价走势与第一根阴线形成了三只乌鸦形态，当日13时的阴线重新向下跌破了10日移动平均线，同时将前两日的向下跳空并列阴阳线完全吞没，这样就排除了这两根并列阴阳线为底部反转的可能性，预示着股价将继续下跌。该向下跳空并列阴阳线为下跌中的持续形态，是下跌趋势的暂时休整。

通常情况下，不论是上涨还是下跌，快速回调与反弹都不会超过两天。由于这样的惯例，也就催生出了向上或向下跳空并列阳线，或是向上或向下跳空并列阴阳线等这样的持续形态。两天的回调或反弹基本都会受到窗口的压制，或者受到移动平均线的压制，所以，只要出现了此类的形态，首先要看是否回补了窗口，其次要看是否穿越了均线，还要看成交量与摆动指标是否配合等。如果这些都符合底部反转的条件，才能将其视为反转走势，趋势是具有惯性的，轻意不会发生反转，所以判断趋势反转时，一定要格外小心。

卖点13：下降三法的卖点

实战示例

形态解析

● 下降三法通常是五根K线组合而成的，它的第一根K线为下跌趋势中的长阴线，中间的三根K线通常为在第一根阴线体内震荡的小阳线，这三根小阳线在阴线体内依次升高，但不允许向上超出第一根阴线的实体外部，第五根为阴线，理论上，开盘价要求低于中间震荡第三根小阳线，收盘价必须低于第一根阴线的收盘价，形成向下的突破，为下降三法。

● 有时下降三法中前后两根阴线内部震荡的K线实体非常小，那么便可以忽略掉这些小K线实体的颜色，有时会在两根阴线之间出现三根以上，或三根以下的震荡小K线，只要不破坏下降三法规则，这都不影响该形态的持续看跌作用。

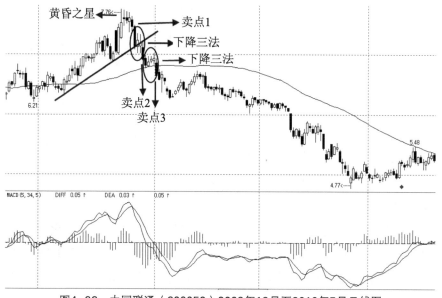

图4-26 中国联通（600050）2009年12月至2010年5月日线图

盘面解析

如图4-26所示，本图例中连续出现了两组下降三法形态，第一组为下降三法的变体，前后两根阴线之间为两根小阳线，第一组下降三法形态中，2010年1月20日的长阴奠定了下降三法的基调其后的两根小阳线均为对前方阴线短期调整，其中第二根小阳线的开盘价已经低于了短期的上升趋势线支撑，但由于它尚处于短期横盘震荡之中，其向下突破不具备有效性，有待于进一步观察。当1月25日的阴线出现之后，向下穿越了上升趋势线的支撑位，同时完成了下降三法形态，构成了双重意义的卖点，MACD指标也在此时形成死叉向下发散，柱状图翻至零轴以下，给出了卖点1。股价跌至六十日移动平均线处获得短暂支撑，在阴线实体内形成了三个小的调整形成的阳线实体，随着股价向下跌破六十日移动平均线及前方阴线实体，完成第二组的下降三法，构成了双重卖点，为卖点2。

分时图实战示例

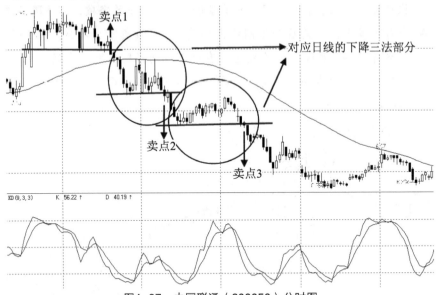

图4-27　中国联通（600050）分时图

盘面解析

如图4-27所示，我们来看在分时图中这两组下降三法是如何演化的，对应下降三法中的第一根阴线，在分时图中，当日开盘的第一个交易单位时间内，便向下跌破了，前震荡低点发出了第一个卖出信号，其后股价在受到60日移动平均线短暂的支撑后，于1月20日13点下破60日移动平均线，给出卖点1。

14时股价继续大幅下跌，与此同时，KD随机指标已经进入了超卖区间，这也说明了在分时图中出现两根小阳线是有道理的，因为摆动指标已经超跌，出现反弹是可以理解的。在1月21日开盘后，股价小幅下跌，KD随机指标在相对低位出现了暂时回调，股价向上回试60日均线，KD指标向上交叉进行修复，股价在此后的三次上涨，均受到60日移动平均线的压制，留下较长的上影线，1月25日开盘后，股价经小幅上扬后便向下回落，KD随机指标二次向下交叉，完成了向上的修复过程，重新给出卖出信号，11时股价向下跌破该震荡区间的低点，也跌破了相应的日线级别中反弹的两根阳线，完成了日线中的下降三法形态，KD随机指标向下发散，验证了该卖出信号的可靠性。

26日开盘后，股价承接前期跌势，呈现小幅下挫局面，但是在该交易日的14时，KD随机指标于超卖区再次向上进行修复，显示出股价在短期内为超卖状态，随时可能向上反弹，27日开盘后便即上扬，KD随机指标于超卖区向上交叉，所对应的日线为下降三法中第一根小阳线，此后股价一路小幅震荡上扬，KD随机指标快速上升，29日14时，KD随机指标完成向上的修复，再次出现死叉。2月1日开盘后，股价向下跌破了连续三日的反弹低点，对应日线跌破了第二组下降三法中第一根阴线的实体，完成了下降三法，给出卖点2。60日移动平均线在此后市场的运行中，起到了重要的压制作用，2月12日的反弹高点在受到其压制后继续回落。

卖点14：看跌分手线的卖点

实战示例

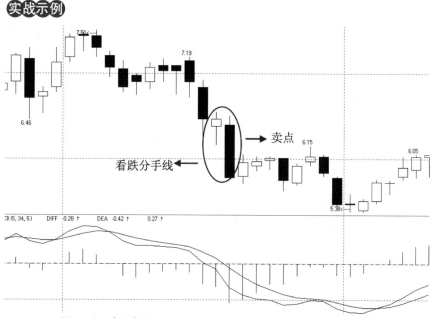

图4-28 广州控股（600098）2009年7月至2009年9月日线图

形态解析

● 看跌分手线是由两根K线组合而成，第一根为突然出现在下跌趋势线的反弹阳线，第二根为继续下跌的阴线。这两根K线的要求：阴线的开盘价与阳线的开盘价在同一位置，前一根K线向上，后一根K线向下，两者分道而行，意味着分手，而此中的分手，不是反转的意思，而是与下跌趋势线中的反弹说分手，下跌趋势继续运行。

● 第二根阴线出现后，本身是一个卖点，如果此时你手中并无持仓，那么还应该继续持币观望，类似于这种分手线通常情况下出现在一波上涨行情的中段，能起到预测后期上涨幅度的作用，当然这不是绝对。

盘面解析

看跌分手线往往出现于弱势的下跌趋势中，属于下跌趋势的中继形态，2009年8月17日，股价处于弱势状态，长阴收盘，而次日一根低开高走的阳线显得有些突兀，至于是什么原因造成的，我们不必追究，此时MACD指标必须处于空头市场弱势发散状态，次日股价于阳线的开盘价处开盘，以光脚阴线收市，似乎昨日的事情根本没有发生一样，投资者可据此卖出手中的股票，若此时手中没有持股，应该继续持币观望，看来这不过是上行趋势中的一小段插曲而已。下跌分手线的出现往往预示着股价进一步下跌仍然具有强大的动能和广阔的空间，当此形态出现后，投资者可以继续休息了，千万不要去接飞速下跌的飞刀，因为绝大多数底部的形成都不会是瞬间的反转，而是需要经过长时间反复的构筑并验证的，才能形成真正的底部形态。

分时图实战示例

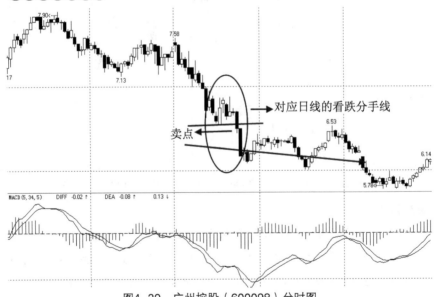

图4-29　广州控股（600098）分时图

盘面解析

2009年8月18日开盘后股价小幅上涨，买卖信号频发，呈现出一种无规则运行，最终于15时收盘时股价收于当日的高位，反应在日线中，为一根低开高走的阳线，但此时MACD指标依然运行于零轴下方，DIFF线仅轻微的趋缓，DEA继续向下平稳运行。18日11时与13时两根K线形成了看涨吞没形态，而14时的上涨似乎并未对这组疑似反转形态给出有效验证，所以，此时不能依据分时图表的这种疑似形态入市，而是静观其变，等待市场的进一步指引。

次日股价开盘后，便呈现下落趋势，之前我们曾讲过开盘一小时内的走势将会在一定程度上指引全天的价格走势，而此分时图也印证了这一观点，股价在此后的两根K线中，最终只对第一根进行了小幅的调整，股价于8月19日13时向下突破，跌破了前一日的价格低点，构成了卖出信号，卖点形成。我们看到该低点对此后的价格回调起到了压制作用。而向下突破的这一根阴线，对应日线级别图表，为看跌分手线成立，此次突破为向下突破了分手线中的阳线的最低价。而对应MACD指标，柱状图由逐渐缩短转而成为继续向下发散，DIFF线在向DEA短暂的靠近之后，随着股价的下落，又向下折回，继续延续空头趋势。在分时图中，直到后期的长时间调整走势出现后，MACD指标中的DIFF线才向上穿越了DEA线，股价在此之后进入了较长时间的宽幅震荡区间，股价在接近看跌分手线中阳线低点价格水平时承压，形成了区间顶部的黄昏之星形态，股价应声下跌，MACD指标中的DEA线与DIFF线重新向下交叉，形成死叉，恢复了下跌趋势。

其实此形态为简单的下跌中的看跌持续形态，并不深究原因，顺势而为，你就会永远把握住市场的脉动。

卖点15：平头顶部形态的卖点

实战示例

形态解析

- 平头顶部形态是由两根相邻或相距不远处的K线构成，本形态唯一的特点是这两根K线要具有几乎相同的最高点，因为这两根K线最高点处是相同的，所以称为平头。

- 这两根相邻的或相距不远的K线，承接着由下而上的涨势，再将价格反转向下。共为顶部反转形态。

- 平头顶部形态既可以由实体构成，也可以由影线或是十字线构成，只要最高价是相同的，其他的都没有要求。

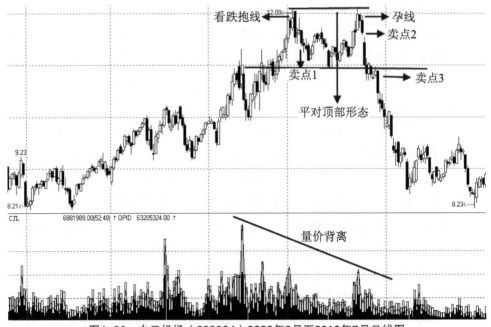

看跌抱线 12.09 孕线

卖点2

卖点1

平对顶部形态

卖点3

9.23

8.21←

8.23←

CJL 6881989.00(52:48) ↑ OPID 63205324.00 ↑

量价背离

图4-30　白云机场（600004）2009年9月至2010年7月日线图

● 出现两根这样的K线形态后，并不一定便具备着反转意义，需要其他技术分析手段进行配合共同给出买进信号。

盘面解析

如图4-30所示，2010年3月3日股价达到高点12.09元之后，次日以看跌抱形态进入回调阶段，其后为持续形态的下降三法形态，这一次的高点对后势的股价走势起到了消极的影响。该高点的形成过程中，成交量较之前的涨势成交量出现了明显的萎缩。3月25日，股价在回调见底后再次向上拉升，股价于2010年4月14日达到了前期相同的高点，即12.09元。还是从成交量方面可以看出，当日的成交量较之前期高点明显减少，意味着买方力量并不强劲，上涨动能不断萎缩。在这种情况下，股价能否突破新高，对于所有投资者来说，都成了疑问。显然股价受到前期高点的压制是非常严重的，次日便再次形成顶部反转孕线形态，4月16日，向下突破孕线形态，构成卖点2。4月20日股价向下突破双重顶的颈线后，构成卖点3。

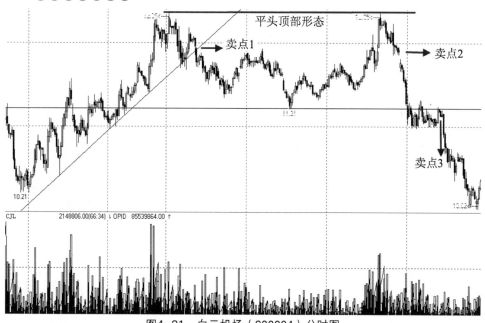

分时图实战示例

平头顶部形态

卖点1

卖点2

卖点3

图4-31　白云机场（600004）分时图

盘面解析

如图4-31所示，3月3日，股价突破前方的短期高点后，创出新高，但此时的成交量较前方较低高点的成交量明显萎缩，预示着上涨的动能在逐渐减弱。在3月3日11时处，股价于前一根阳线实体之内开盘，低开低走，与前方的长阳构成了顶部高位孕线反转形态，此后股价验证了该反转孕线形态的反转，但受到了前期上涨趋势线的支撑，我们应该在此处强调一点，当某一股票的卖点确认之后，而与之卖点价格接近之处，有更重要趋势性验证信号时，我们应该将卖点顺延，顺延至其后更重要的支撑位，此时再确认此处真正的卖点。

当股价第一波段下跌受到了前上涨趋势线的支撑后，出现了一段小幅的反弹。在反弹过程中，成交量是在逐渐萎缩的，随后股价便再次下跌。于3月9日开盘后，直接向下击穿了原上涨趋势线，构成了卖点1，在突破该支撑之时，成交量方面放量。

3月25日14时，股价形成了一个回调的低点，再次向上反弹。股价在该次反弹的过程中，成交量第一次有所放大，但较之前的上涨过程中的成交量，是明显较少的。股价在达到前期高点时，长阳K线似乎是带给了我们还要继续上涨的希望，但若进行横向比较，该处的成交量，较之前高的成交量也是明显萎缩的。4月14日10时，股价在达到前高时，受到了明显的压制，较前一根阳线的成交量有所放大，并且K线图方面还形成了乌云盖顶形态，这表示，市场在前期高点处的受到了非常强劲的抛盘压力，阴线后方，又形成了下降三法的看跌持续形态，股价逐级下挫，于4月16日13时，向下击穿了高点之前的长阳实体，确认了乌云盖顶反转形态的有效性，构成卖点2。如此，两个高点的形成，与两个高点下方卖点的形成，构成了我们本节所讲的平头顶部形态。

平头顶部形态与双重顶形态之间的区别在于，平头顶部形态的规模通常较小，它可以是相邻两根K线组合而成的，如果平头顶部形态的高点之前时间跨度较长，则转化为双重顶形态。当股价下穿了双重顶颈线之时，双重顶形态形成，构成了卖点3。

第5章　价格形态的买点

前两个章节所讲解的K线图的交易点，为我们第一时间提供了买卖信号，但它无法预测未来的趋势及价格所将要达到的目标，这是K线图的一大缺陷。所以它最重要的作用是配合价格形态来提示具有趋势性的交易点，那么价格形态相对于K线形态反转来讲便具有了更重要的意义。例如，底部价格反转形态所揭示的是原下跌趋势即将结束，新的上涨趋势即将形成的过程，一旦成功，价格形态提供给我们的是价格的趋势。因此，某些底部价格反转形态形成之后所形成的买点，便具有了相对来说更重要的意义。而上涨趋势过程中，一些特殊的形态出现之后，往往预示着未来股价仍将承接既有的趋势，顺势发展。所以，虽然它的买点相对于底部反转形态的买点分量稍轻，但同样具有积极的意义。

买点1：头肩底形态的买点

实战示例

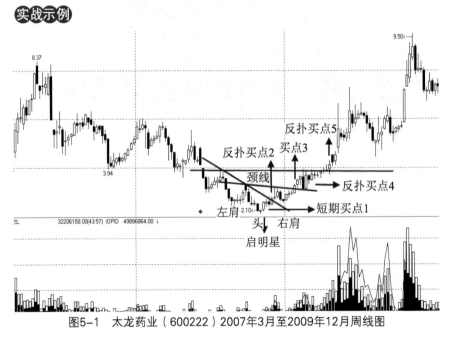

图5-1　太龙药业（600222）2007年3月至2009年12月周线图

形态解析

● 头肩底形态为底部反转形态。

● 头肩底形态由三个波谷低点构成，其中中间的波谷略低，为头肩底形态的头部，其他两个波谷分布在头部的两侧，略高于头部，为头肩底形态的左右两肩，两肩的高基本在同一水平位置，即使有偏差，也不可以出现过大的偏差。

- 三个波谷上方对应着两个波峰，两个波峰处连结而成的线，为头肩底形态的颈线，当价格上破该颈线后，头肩底形态确认成立。通常情况下，当股价上破颈线后会出现对于颈线的反扑。
- 头肩底形态在理论上具有预测最小上涨价位的作用，测量出头部至颈线的垂直距离，将该距离由股价向上突破颈线后向上映射，为理论上的最小目标上涨位。

盘面解析

如图5-1所示，2008年8月22日当周，股价探底回升，反弹后形成头肩底形态的左肩，2008年10月31日当周，股价中阴线破出新低后，此时成交量已达到地量水平，在下一周的交易时间内，股价波幅已经严重萎缩，以小阳星线收盘，星线后的一周，股价开始放量，以中阳线收市，当周股价突破了前阴线高点，构成了底部启明星形态，为头肩底形态的头部。11月21日当周，股价向上突破了下跌趋势线，构成了买点2，股价开始上升，在左肩高点处的水平处承压，回落之后形成右肩。2009年2月6日当周，股价向上突破了颈线，构成了重要的具有趋势性的买点3。成交量放大。3月6日，股价回试颈线处获得支撑，恢复涨势，构成买点4。4月30日当周，向上突破前下跌趋势中反弹高点及前震荡区间的低点，构成买点5。

分时图实战示例

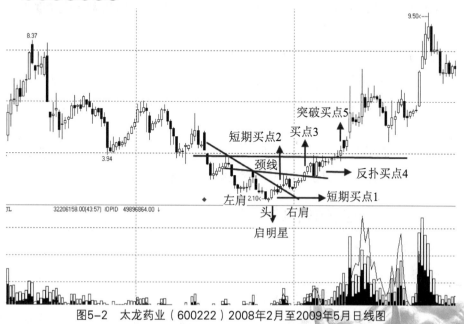

图5-2　太龙药业（600222）2008年2月至2009年5月日线图

盘面解析

如图5-2所示，自2008年5月4日，股价自反弹高点恢复下跌后，成交量始终以地量的状态配合股价向下运行。股价自2008年8月19日至9月8日形成了平头底部形态，促成股价小幅反弹。9月22日股价以涨停板收盘，但股价随后回落，重新回到下跌趋势线，低点处形成了头肩底形态的左肩。

2008年11月3日，股价创出新低时，其对应的成交量在地量的基础上，再次极度萎缩，抛盘力量已经极度衰竭，此时的成交量和股价状态预示着反弹就在眼前，星星之火便可燎原，股价在底部维持四个交易日后，成交量开始轻微放量，配合股价的小幅上涨，底部表现为小规模的启明星形态。第二天股价高开高走给出了启明星形态的有效验证，给出了买点1，由于没有向上突破趋势线，所以该买点只能看成是短期买点。

11月10日，随着股价的小幅上涨，MACD指标也形成了与股价之间的三度底部背离状态，说明股价已经跌无可跌，上涨的概率在此处极大，可谓物极必反。同时向上突破了原下跌趋势线，构成具有趋势性的买点2。

股价于12月11日在前反弹高点承压回落，自回调底向上逐步爬升，形成了头肩底形态的右肩，此时的MACD指标也自零轴附近向上折回。2009年2月6日，股价向上成功突破了该头肩底形态的颈线，成交量也随之小幅放大，构成重要的买点3。

股价在成功突破上限后，继续上涨，受到2008年7月23日反弹高点处的压制，向下回试头肩顶的颈线，此时颈线被突破后，角色被转换为支撑。股价在2009年3月3日受到颈线支撑后向上反弹，这是对头肩底形态颈线的反扑，构成买点4。

2009年2月25日的高位水平为重要压力，该压力于4月20日被向上突破，彻底完成了头肩底形态，构成了买点5。该头肩底为地价芝麻量典型形态。

买点2：三重底形态的买点

实战示例

形态解析

● 三重底形态为底部反转形态。

● 三重底形态有三个显著的波谷，与头肩底反转形态不同的是，它所拥有的三个波谷基本都处于同一水平位置，当然也存在着偏差，但不能出现过大的偏差。

● 三个波谷相对应的两个波峰的连线，为三重底形态的颈线，当股价向上击穿该颈线时，确认三重底形态彻底形成。通常情况下，会出现对颈线的反扑情况。

● 三重底形态在理论上，可预测最小上涨目标位，先测量出中央头部至颈线的垂直距离，再由股价向上突破颈线处向上映射同样的距离，为理论上最小上涨目标位。

● 三个头部所对应的成交量呈现为逐渐放量状态。

图5-3　*ST厦新（600057）2004年2月至2007年1月周线图

盘面解析

如图5-3所示，2005年7月1日当周，股价自小幅反弹后，向下破出新低，以长阴收盘，下一周股价探出新低后以小阳孕线的形态形成了短期的底部反转形态，此后的三周内，股价运行于阴线实体之内，直至2005年8月5日当周，股价小幅收阳，向上突破了前方小震荡区间的上限，深深插入了长阴线的实体，构成了短期买点1，此时股价已经向上突破了原下跌趋势线。9月23日前后两周，受到前高压制，回落形成第二个低点。2006年4月28日当周，股价下探受到前期低点支撑，以锤子线形态报收，5月12日当周，股价大幅上涨，验证了锤子线向上突破颈线，构成重要的买点2，确认了上涨趋势。在向颈线反扑时，得到了支撑，构成买点3。

分时图实战示例

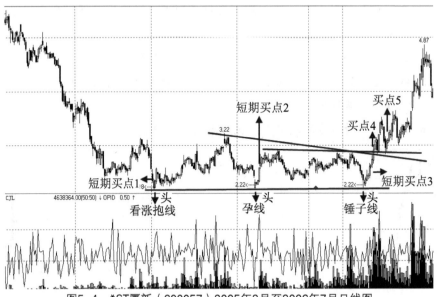

图5-4　*ST厦新（600057）2005年2月至2006年7月日线图

盘面解析

如图5-4所示，2005年7月4日，股价创出新低后，于次日在K线图方面形成了看涨抱线形态。7月6日，股价向上吞没了看涨抱线之前的一根长阴，验证了看涨抱线形态的有效性，构成了短期买点1。此后几日股价向下小幅回落，但均未破坏看涨抱线形态，短期买点1处的买点依然有效。此后股价进入了反弹阶段。9月16日，股价高开冲高收阴线，成交量放大，显示出位于前高处的压制力量依然强烈，趋势反转的时机尚未到来，在此高点处形成看跌抱线形态，股价再次陷入了下跌的趋势。11月27日，股价在底部大低开收阳，形成了一根看涨捉腰带线，但当日的成交量极小，显示出前低对于股价的支撑强劲，在此价格区域，抛盘也明显减弱。在下一个交易日中，股价在捉腰带线的实体内部，形成孕线形态，此孕线形态的小阴线应视为对捉腰带线的调整。11月1日，股价开盘后强劲上涨，大幅收阳，在回补了前期向下跳空窗口之后，吞没了窗口之前的阴线实体，给出了短期买点2。

当买点2形成之后，股价继续震荡上行，但此后的成交量却逐渐萎缩，可以看出上涨乏力，上涨动能不足。2006年4月12日，股价自震荡区间上限处，再次回落，进行了第三次探底，于4月24日，达到了前期低点的价格水平，受到了水平方向的支撑，收出了锤子线形态。长长的下影线告诉我们，在此处的水平支撑力度很强，价格触底有很强的弹性。2006年5月8日，股价带量上行，给出了锤子线的有效验证，构成了短期买点3。2006年5月13日，向上突破了三重底形态的颈线，确认了三重底反转形态成立，给出了最重要的具有趋势性的买点4。我们说过，通常情况下，在突破形态颈线后，都会出现一次对于颈线的反扑行情，当股价在三重底形态的颈线处获得支撑后，构成了具有趋势性的最后一个买点5。

买点3：双重底形态的买点

实战示例

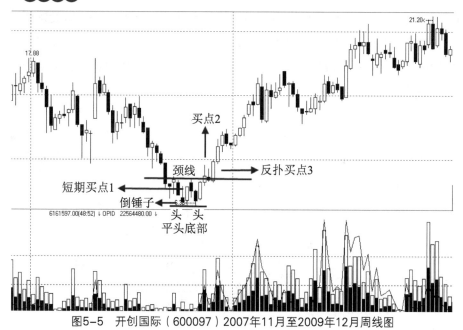

图5-5　开创国际（600097）2007年11月至2009年12月周线图

形态解析

● 双重底形态为底部反转形态。

● 双重底具有两个明显的波谷，两个波谷的低点基本处于同一水平位置上，可以存在着偏差，但不能偏差过大。

- 双重底的两个波谷中只对应着一个波峰，以波峰低点处画一条水平的直线，为双重底的颈线，当股价向上击穿颈线后，为最终确认双重底形态彻底完成，如果没有突破颈线，则不可轻易做出形态判断。是否上破颈线，为检验双重底形态是否真正成立的唯一标准。
- 测量出底部到颈线处的水平距离，再将该距离由股价向上突破颈线处向上映射，得出双重底部理论上最小上涨目标位。

盘面解析

如图5-5所示，2008年10月17日当周继前一周大幅下跌之后，创出新低，并以倒锤子线形态收盘，该K线实体为阴线，显示虽然股价仍处于下跌当中，但抛盘力量有所减弱，配合当时的成交量，可以印证此结论。在下一周股价高开高走，向上深深插入倒锤子线前方的阴线实体，构成短期买点1，但此时的成交量并不大，显示了上涨动能并不强劲。在随后的两周中，股价再次向下试探低点，2008年11月7日，当周股票低点在倒锤子线低点处获得支撑，下一周股票便增量上涨，确定了平头底部形态。2008年11月21日当周，股价突破颈线构成买点2。随后价格在颈线处反复震荡，获得支撑长阳拉升，构成重要的趋势性买点3。

分时图实战示例

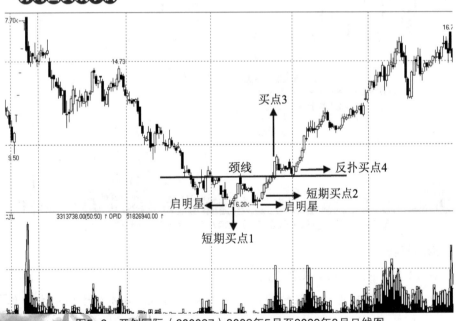

图5-6　开创国际（600097）2008年5月至2009年2月日线图

盘面解析

如图5-6所示，2008年10月10日，股价跳空向下收光头光脚阴线，预示着股价仍有下跌的空间，次日股价低开，下探更低的低点后，向上放量反弹，插入前方阴线的实体，显示低处的承接买盘出现。2008年10月16日，股价于前一次下跌低点处开盘，低开收阳线，以阳星线形态收盘，此刻成交量表现为萎缩状态，显示市场虽然低开，但抛盘力量已竭，此后股价小幅向上攀升。2008年10月21日，股价向上回补了跳空窗口，插入了前方阴线的实体内部，与前方K线共同构成了底部反转的启明星形态，给出了短期买点1。

随后股价继续上涨，明显受到了2008年9月25日反弹高点的压制，高开冲高后回落，与前一根光头阳线形成了看跌约会线形态，此时的成交量明显放大，说明在此价格区间内的抛盘依然很重。2008年11月4日，股价再次出现了杀跌行情，但随后两日股价均在该长阴线的实体内部开盘，以星K线形态收盘，显示出在前低的价格水平处买卖双方均衡，市场处于胶着状态，抛盘力量有所减弱。2008年11月10日，股价高开收阳线，完全收复了前方杀跌阴线的跌幅，这样这几根K线构成了又一组启明星形态，形成第二个短期买点。此时的成交量方面也配合股价的上涨，印证了短期买点2的可靠性。

其后股价稳步上扬，2008年11月17日，股价向上突破了该双重底部的颈线压力位，构成趋势性的重要的买点3，确认了双重底部反转形态的有效性，市场真正的趋势反转在此处开始。此后股价对于颈线进行了反扑，回试该颈线的支撑是否有效，在颈线处获得支撑后，股价转身上行。2008年12月2日，股价向上反弹，脱离了颈线的位置，构成了市场反转的最后一个最佳买点，为买点4。双重底形态相对于其他底部反转形态来说，规模相对较小，在周线方面不易觉察，它通常出现在中级回调的底部。

买点4：圆弧底形态的买点

实战示例

形态解析

● 圆弧底形态为底部反转形态。

● 圆弧底形态几乎没有明显的波谷低点，股价先下后上所形成的底部形态，呈圆弧形，股价运行平滑，所以称为圆弧底部。

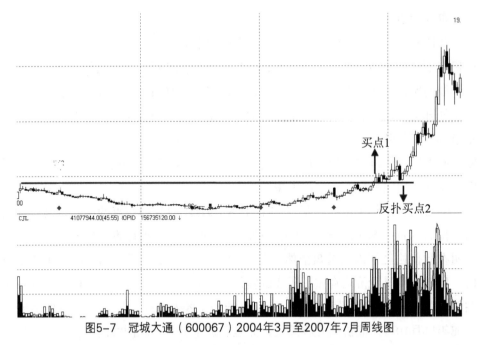

图5-7 冠城大通（600067）2004年3月至2007年7月周线图

- 圆弧底部相对于其他底部反转形态来说，它没有颈线，反转过程平滑，视觉角度不明显，通常以向上穿越前期的下跌高点处，为买点。
- 圆弧底形态的规模越大，其反转力度越强，通常圆弧底形态很难出现，但一旦出现，其成功率与反转力度都是非常大的。
- 在圆弧底的后半段上涨过程中，成交量是逐渐增加的。

盘面解析

如图5-7所示，我们认为该圆弧底起点为2004年2月6日当周至2006年11月24日当周结束，运行了近45个月。自2004年2月6日开始，股价以星线收盘，此后便一路以小阴线和星线的形式下跌，成交量始终保持在地量水平，这是圆弧底的显著特点。股价在每一个时间单位内，都以极小的波动幅度向下运行。圆弧底形态是可遇不可求的，它本身并不具备其他反转形态的特点，向下看跌趋势线对它来说，也毫无用处，在主图上几乎没有任何K线形态或是价格形态可供参考，我们唯一能做的就是等待它符合于某一种价格形态，趋势变得明朗后，再采取行动。当股价波动幅度极度缩小，而成交量逐渐放大时应高度关注。2005年7月15日起，便是本形态的中点，直至2006年11月24日，股价放量突破圆弧底前方高点，打破僵局，启动了上涨行情。

分时图实战示例

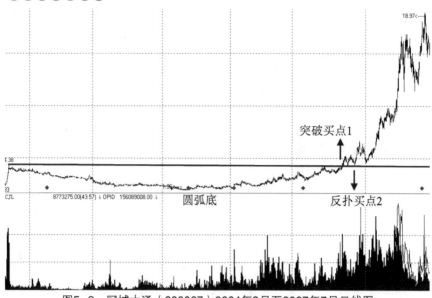

图5-8　冠城大通（600067）2004年3月至2007年7月日线图

盘面解析

　　如图5-8所示，2004年2月2日，股价达到了反弹高点，在此之前，股价呈现放量陡峭上涨的状态，见顶后，成交量一落千丈，买盘突然间销声匿迹。此后股价以一种小碎阴线一路阴跌，成交量始终处于沉睡状态，市场似乎进入了冬眠期，没有任何生气可言。这一段下跌没有丝毫激情，是一段难以忍耐的行情，但我们也拿它无可奈何。

　　直至2005年7月6日，股价达到了这一波下跌的最低点位，成交量也陷入了极度低迷状态，此后股价缓慢爬升，以极缓慢的角度向上运行，但值得欣慰的是，成交量随着股价的缓慢向上，而逐渐放大，这给投资者带来了希望。

　　圆弧底右半部分的缓慢上涨，应为庄家吸筹的过程，是量变的过程。庄家在操作期间，不论操盘手法如何变化，都离不开吸筹——拉高——派发——打压四个步骤，而在低点前后，正是庄家吸筹的部位，在此阶段，庄家一定会隐气藏形，不会让任何人发现它的动作，所以，成交量必然在若有若无之间。通过纵观整体圆弧底形态，它运行了整整45个月，说明这是一次有预谋的，规模极大的蓄势过程，虽然市场充斥着陷阱和谎言，但它并不能通过全部频道来说谎，所以通过逐渐放大的成交量和价格的缓慢上升来看，庄家已经具备了发力的条件，我们在此时应高度关注，赶上其后的拉升行情。

在这一时期内，股价仍不符合任何价格形态的条件，直至2006年11月24日，股价放量突破了圆弧底之前的高点，我们认为该突破是重要的趋势性突破，为圆弧底形态的彻底确认与该形态的最佳买点，在股价大幅上扬时，庄家也会通过反复震荡洗掉散户的跟庄盘，来减轻拉升过程中的压力，所以在股价下探至圆弧底形态突破位时，会受到看清此形态买家的买盘支撑，带来反扑后的最佳买点。

买点5：看涨对称三角形形态的买进信号

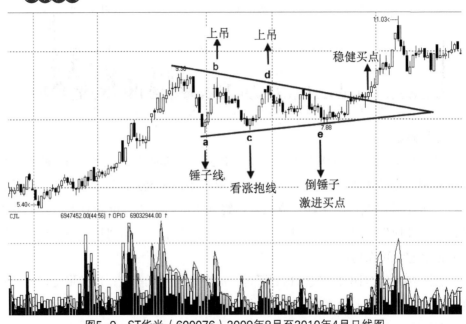

图5-9　ST华光（600076）2009年8月至2010年4月日线图

形态解析

- 看涨对称三角形形态为涨势中的持续形态。
- 该形态是指在单边上涨行情之后的中继盘整，当盘整结束后，股价将继续沿原上涨趋势继续上涨。
- 对称三角形内部通常是由上下五次的震荡走势完成的，并且这五次震荡走势的震荡幅度越来越小，呈现逐渐收敛的形态，将这五波走势之间的高点相连，低点相连，得到两条边线，这两条边线在视觉上给人一种等腰三角形形态，所以将该形态称为对称三角形。

- 在最后的震荡运行结束之后，股价会向上突破边线，突破处应在边线的四分之三之内，如果在边线的四分之三之外突破，则该形态将失去其自身的指导意义。

- 测量出形成对称三角形之始的高低之间的垂直距离，将这段距离在突破上边线处向上映射出去，能得出在理论上看涨对称三角形形态的最小上涨距离。

盘面解析

如图5-9所示，2009年10月18日，此股从以顶部反转孕线形态出现了对称三角形形态的第一个折点，对称三角形下边线处的三个折点，分别为锤子线形态、看涨抱线形态与倒锤子线确定了底部折点，上边线处分别由两个上吊线构成了上方的折点。配合成交量方面，每次向上运行时的成交量均大于向下运行时的成交量，这为股价向上运行打下了基础，股价于上边线的四分之三处向上突破，2010年2月24日，股价自上边线处，向上弹起，确定了对于上边线的突破有效，构成买点。

分时图实战示例

图5-10 ST华光（600076）分时图

盘面解析

如图5-10所示，上涨或下跌中的持续形态，其规模通常都相对较小，所提示的是中继买进机会，所以这里我们先取了60分钟分时图表来配合日线，给出精确的买进时机。对称三角形，至少具有四个折点以上，本图为标准的看涨对称三角形，可以注意到由三角形形成之初至结束，是由abcde五个标准的震荡走势所构成的。

2009年11月17日始，至2010年2月23日确认突破止，该看涨对称三角形历时四个月的时间，60分钟图中，为我们清晰地展示了它内部震荡的结构与其成交量方面中最细微的变化，给出最精确的买点。同时通过细心观察，也可以注意到，本形态中，上边线与下边线处的折点，多配以经典标准的顶部或底部K线图反转形态。

该看涨对称三角形为上涨中的中继形态，所以配合成交量方面，在形态内部向上的震荡走势的成交量应大于向下的震荡走势的成交量，股价在向三角形顶部处运行的过程中，成交量是递减的，这也符合了整体震荡形态相对于单边行情时成交量的变化，当股价向上形成有效突破上边线时，成交量应该有效放大，以验证突破的有效。由图可见，2009年11月17日形成该对称三角形处的第一个折点与2009年12月4日处的高点连结，形成该形态的上边线，11月30日股价以看涨抱线形态形成的下边线处的第一个折点与12月21日以启明星形态形成的下边线的第二个折点连结，形成该形态的下边线，在此后的股价运行中，每当股价在到达上边线处均受到压制而回落，在到达下边处均受到支撑而反弹。2011年2月23日，股价配以较之前相对明显增加的成交量向上突破上边线，该形态确认完成。而在此前股价曾小幅向上突破上边线，但成交量方面未进行有效配合，导致突破失败，在有效突破上边线后，给出最佳的买点。

买点6：看涨上升三角形形态的买点

实战示例

买点解析

● 看涨上升三角形形态为涨势中的持续形态。该形态是指在单边上涨行情之后的中继盘整，当盘整结束后，股价将继续沿原上涨趋势继续上涨的。

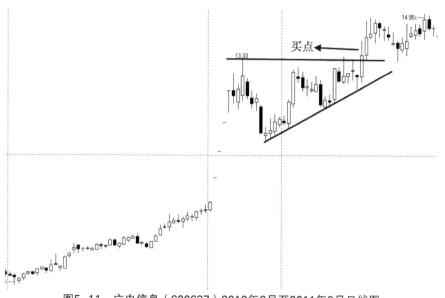

图5-11　广电信息（600637）2010年6月至2011年8月日线图

- 看涨上升三角形形态是看涨对称三角形形态的一种变体，在它的内部同样会出现五次上下震荡的走势，这五次震荡走势的震荡幅度也同样会越来越小，呈现逐渐收敛的形态，但我们将五波走势的高点相连，低点相连，会发现下边线是倾斜向上的，但上边线却是一条近乎于水平的直线。在这段震荡走势中，高点是持平的，而低点是不断上升，所以称为上升三角形形态。

- 在最后的震荡运行结束之后，股价会向上突破边线，突破处应在边线的四分之三之内，如果在边线的四分之三之外突破，则该形态将失去其自身的指导意义。

- 测量出形成上升三角形之始的高低之间的垂直距离，将这段距离在突破上边线处向上映射出去，能得出在理论上看涨上升三角形形态的最小上涨距离。

盘面解析

如图5-11所示，在连续的涨停之后，股价终于出现了迟来的调整，2011年1月19日，高点形成后，股价展开调整，依次上升的低点和高点的水平压力，形成了一组看涨上升三角形形态，这是一个标准的五浪结构，2011年3月3日，股价向上突破了上边线，构成了买点，该三角形的上边线对其后股价的回调，形成了强有力的支撑。

图5-12　广电信息（600637）分时图

盘面解析

如图5-12所示，2010年9月1日全天，小时线表现为一个上升三角形态，而且其中向上突破的这一根阳线较之前有所放大，正是这一组上升三角形态，奠定了此后上涨的基础。这也是我们讲到的K线持续形态，能够最先预示我们价格短期所将要出现的变化，次日，便出现了暴发的行情，股价以涨停收市，其后的几天内，均为涨停板这种极端情况收盘。但是请注意，2011年1月17日，开盘便形成了一根上吊线形态，其后又是一组流星线形态，随后的星线和阴K线均表示上涨遇阻，这是顶部反转形态，但股价仅形成了小幅的下跌，其后便恢复上涨。2011年1月19日这一天，股价向上突破了前高，但未能守住涨势，收盘仍然回落至前面流星线的价格控制范围之内，这说明前方的流星线依然有效，其后股价便进入了横向震荡区间。在这个震荡过程当中，底部是逐步抬高的，而且向下的成交量呈现萎缩的态势，而股价向上运行的时候，成交量稍有放大。

2011年2月10日及11日的上涨过程中，受到前高的压力，收到了看跌孕线形态，股价再次回落。形成了第二个谷底。如此，我们便可以做出该形态的两条边线，根据两条边线的角度，我们基本可以确定这是一组看涨上升三角形持续形态。

2011年2月25日与3月1日的两根流星线说明该三角形形态上边线的压制作用依然比较强劲。上升三角形从依次抬高的底部来看，就增加了其本身形态看涨的意义，3月3日，收盘前的这一根K线放量突破了该三角形的上边线，完成了该上升三角形形态的构建，给出买点。

买点7：看涨下降三角形形态的买点

实战示例

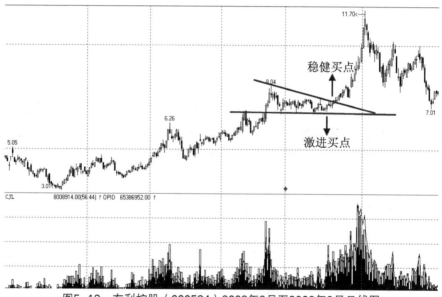

图5-13　友利控股（000584）2008年9月至2009年9月日线图

形态解析

● 看涨下降三角形形态为涨势中的持续形态。该形态是指在单边上涨行情之后的中继盘整，当盘整结束后，股价将沿原上涨趋势继续上涨。

● 看涨下降三角形形态是看涨对称三角形形态的一种变体，在它的内部同样会出现五次上下震荡的走势，这五次震荡走势的震荡幅度也同样会越来越小，呈现逐渐收敛的形态。但我们将五波走势的高点相连，低点相连，会发现上边线是倾斜向下的，但下边线却是一条近乎于水平的直线。在这段震荡走势中，低点是持平的，而高点是不断下降，所以称为下降三角形形态。

● 在最后的震荡运行结束之后，股价会向上突破边线，突破处应在边线的四分之三以内。如果在边线的四分之三以外突破，则该形态将失去其自身的指导意义。

- 测量出形成下降三角形之始的高低之间的垂直距离，将这段距离在突破下边线处向上映射出去，能得出在理论上看涨下降三角形形态的最小上涨距离。

盘面解析

如图5-13所示，看涨下降三角形，只不过是对称三角形的一种变体，除了下边线变为水平的直线以外，其他的都不变。还能注意到的是，下边线处的支撑位，正是前方上涨的高点，道氏理论中也有相同的理论，波峰波谷之间的支撑与阻挡，被击穿会转换角色，在原波峰处压制转而成为突破后回落的支撑位。有时你可能会刻意地去找三角形内部的五浪走势。但还有两种情况，我们无能为力，第一种为它的走势并不明朗，浑浑噩噩的就震荡结束了，让我们无法清楚地观察到它的运行轨迹，还有一种在它的内部可能会出现三浪走势或者九浪走势，熟悉波浪理论的朋友都知道，所以不必吹毛求疵，当股价向上突破上边线时，为最佳买点。

分时图实战示例

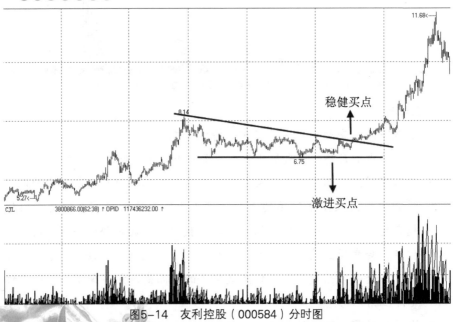

图5-14　友利控股（000584）分时图

盘面解析

将日线的三角形态细化为小时图，仍然具备了日线的轮廓。在本图例的小时线中，价格运行在三角形的区域内，中间部分虽然涨势不是十分清晰，但有时我们做技术分析的同时，应该领悟技术分析的精髓，了解其内在的含义，而图形中的上涨，其高点虽然未达到上边线处，但并不影响其在整体形态中起到的作用。麻雀虽小，五脏俱全，在小时图的上涨中，波段依然清晰可见，我们之所以选取这样的不规则的三角形形态作为图例，重点就是要说明一个道理，掌握形态之要领与精髓并不重要，不必追求形似，而要追求神似，当你真正领悟了技术分析的内涵，该形态的实战图例，将对你技术分析水平方面的提高起到至关重要的影响。

成交量配合的方面，每次的上涨，其成交量都要较之下跌走势的成交量有所放大，显示了市场上涨的动能依然存在，并且买盘跃跃欲试，三角形的突破要求在该整体形态的二分之一至四分之三处，从图例中通过细心观察可以发现，当股价运行至突破区域内，成交量较之前明显放大，动能加强，这为之后的上涨突破埋了下伏笔。

在前面的章节中提到，在上边线与下边线的支撑或压制位时，都会出现K线图方面的经典的顶部或底部的反转形态，而每当股价在接近上边线时，所形成的买进信号，均形成了一定程度的上涨，这与我们在K线反转形态中所强调的，底部反转形态在上涨趋势中，形成的反转更为可靠，成功反转的概率更高。由此从侧面可以得出一个结论，市场可能仍处于上涨阶段中，从短时看，股价似乎失去了方向，但有一句谚语请铭记于心，当股价没有方向时，将遵循着原来的方向。股价于该形态的四分之三处向上突破，构成了买点，激进的投资者可以根据波浪理论或价格形态突破的时间预测出股价即将突破的位置与时段，可以在上边线最后一个支撑位处买进。

买点8：看涨扩大三角形形态的买点

实战示例

形态解析

● 看涨扩大三角形形态为涨势中的持续形态。该形态是指在单边上涨行情之后的中继盘整，当盘整结束后，股价将沿原上涨趋势继续上涨。

- 它是对称三角形的一种变体，它内部同样也有五浪震荡走势，但不同的是，这五浪震荡走势的震荡幅度是越来越大的，我们将它的高点相连，低点相连，发现上边线向上倾斜，下边线向下倾斜，两条边线呈现扩大的状态，所以称此形态为扩大三角形形态。

- 扩大三角的买点如果按照其他内敛形态的方法来设置，那将失去很多的利润，所以，根据其特性，当扩大三角形内部出现了五浪结构，并且最后一浪被下边线支撑住的时候，此时便可买进。

图5-15　汇能能源（600605）2010年6月至2010年12月日线图

盘面解析

如图5-15所示，本形态为标准的持续上升扩大三角形形态，在实际的图例中并不常见，而此形态的出现，经常使投资者无所适从，陷入了茫然的状态中，只有当该形态完成后，才能够真正认清其真实面目。该形态由2010年8月17日开始，至2010年11月10日向上突破上边线终止，在该形态内最后一波的下跌，形成了看涨孕线形态，此后股价震荡上扬。2010年11月10日，股价长阳放量突破了该形态的上边线，确认了该形态为有效形态，突破后上涨幅度也基本达到了预测的高度，但与其他持续形态不同的是，该形态突破上边线后再行买进，会丧失很多利润，所以那里只不过是一个理论上的买点，而真正的买点，应该在该形态的最后一次下跌，受到下边线向上支撑之时，为最佳买点。

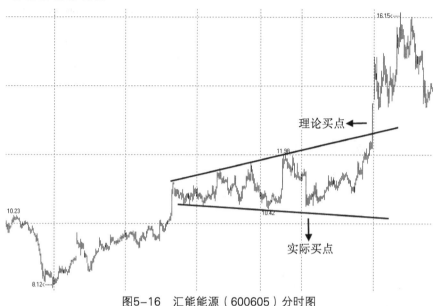

图5-16　汇能能源（600605）分时图

盘面解析

如图5-16，扩大三角型形态是最难以把握的形态，在形态运行的内部，波峰与波谷之间，高低点随便穿叉，随时穿叉，这是趋势交易者最大的克星，因为趋势交易者破出区间的高点后，可以买入，破出新低后，可以卖出。可是在本形态中，震荡区间内，不断有新高出现，也不断有新低出现，只要出手，必然出错，已经将道氏理论的核心思想破坏殆尽。但如果你有大局观，就会发现，这只不过是主要趋势中的一段次要趋势罢了，所以很多常年亏损的交易者，必然是一叶障目，不见泰山，只看到了眼前的混乱，而没有看到更长周期的有序性。

我们可以发现，股价是向上还是向下运行，成交量都处于缩减的态势，出现该形态，我们认为，通常为主力洗盘及再次吸筹的过程，主力运用上下高低点来反复突破，让投资者失去了方向，诱使散户在破出新低后抛出，达到了吸筹的目的，而每一次上涨，突破前方高点，诱使股民入场，主力趁机抛出股票以砸低股价，最终完成洗盘的过程。前面讲到该形态为反技术形态、反趋势形态，常常将散户搅得头晕脑涨，但是若你对趋势有了更深的理解，不难发现，该形态的运行也有一定的规律，但此形态终究在心理上会对中小投资者造成严重的影响。所以建议在实际操盘中，遇到此形态，作为散户的我们，最好不要被主力牵着鼻子走，做到以不变应万变，寻找风险最低的时机入场，也就是我们所标注出的实际买点处。在这里，通过本形态提示我们在今后的交易中，需要加强全局观，不仅要纵向看待行情，也要通过股价横向的变化，寻找有利于我们的最佳时机入场。

当股价在10月18日开盘，最后一次达到下边处时，在其后的运行中可发现，成交量基本稳定在一定程度上，再配合K线图方面的配合，按照该价格形态的定义，此处为风险极小的买进时机。

买点9：看涨矩形形态的买点

实战示例

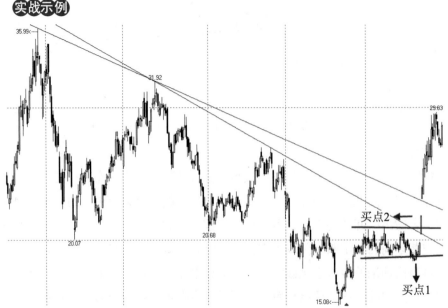

图5-17　盘江股份（600395）2009年9月至2010年10月日线图

形态解析

- 看涨矩形形态为涨势中的持续形态，该形态是指在单边上涨行情之后的中继盘整，当盘整结束后，股价将沿原上涨趋势继续上涨。
- 它内部具有五浪震荡走势，而这五浪震荡走势，理论上震荡幅度都是相同的，我们将它的高点相连和低点相连之后发现，上边线与下边线分别为两条平行的水平直线，整体震荡走势类似于矩形，所以称它为看涨矩形形态。
- 当两条平行边线内部的五浪走势结束后，当股价向上穿越上边线后，矩形形态彻底完成，在突破其上边线时，为最佳买点。

● 通常股价在向上突破上边线后，对上边线进行反扑，反扑后在上边线获得支撑，则加仓买进。

盘面解析

如图5-17所示，该支股票至2010年7月5日后，底位反弹，股价在上行至下跌前的反弹调整区域受到压制，开始了横向的震荡。由本图中，我们可以发现，该震荡在此区域形成绝非是偶然的，该震荡区间的上限受到了前下跌趋势中震荡低点的压制，而前下跌趋势线也对该形态构成了压制，股价在此处震荡，更多的表现为蓄势向上的厚积薄发之态，2010年5月29日，股价开始向上反弹，次日股价放量向上跳空突破了震荡区间的上限，及下跌趋势线，构成了重要的买点，而区间中的最后一个低点，可作为买点1，股价在向上跳空突破了原下跌趋势线后，出现了井喷，再次向上突破了另一根下跌趋势线，该突破为突破性跳空，具有重要意义，以上重要压力位连续被突破，提示我们应当坚决买进。

分时图实战示例

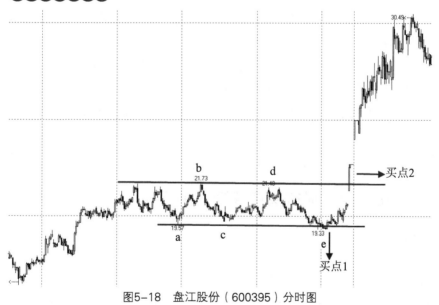

图5-18 盘江股份（600395）分时图

盘面解析

如图5-18所示，博观而约取，厚积而薄发！在本图例中，股价自2010年7月29日至2010年10月8日，历时三个月的酝酿蓄势的矩形持续形态，随后便向上轻松地突破了该矩形形态，拉开了大幅上涨的序幕。此后股价便张开理念的翅膀，扬起了奋进的航帆。先看向上突破后的涨势，如井喷般的上涨，连续出现了两次向上跳空涨停的行情，并无任何滞碍，所以我们不得不再解释一下厚积薄发之中"薄"字，通常理解为少量的，缓慢的。但我们认为，此处的解释应该为轻松的，毫无费力之意。

在本图中，虽然所讲的是上涨矩形的持续形态，但图中包含了极多的技术分析方法，本图中重点突出了趋势线的作用（参考上图），首先该支股票上涨至前下跌的最后一个反弹高点处受到压制，该价格水平也是前期宽幅震荡区间的下边线处，所以价格在此受阻，并进入震荡区间，是势在必行的。在股价向后震荡的过程中，又受到来自前下跌趋势线的压制，在这里趋势线与水平阻力得到了充分的体现，而在震荡区间，成交量并未出现地量状态，可见股价在此震荡时，只是暂时的休整而已，在等待突破时机的到来，如果我们面对这种情况，或持有股票不动，或先行平仓等待机会，所以兵贵胜不贵久，与其忍耐不如等到机会成熟，突破的时机酝酿已成，一击而中，这样节省了很大的机会成本，同时规避了股价再次下跌的风险（在趋势未改变之时，该趋势有可能演化为阶段性的平头顶部形态），任何风险我们都应当适当回避，君子不立危墙之下。尤其是股价在向上突破前，曾向下小幅穿透下边线，也就说明了，这种下跌风险同样是存在的。

10月8日，股价便开始向上跳空突破，以涨停的这种极端方式收盘，长时间的积累终于有了结果，真正地体现了厚积薄发之意，构成了重要的买点，有经验的投资者可以在最后一个低点，向上回破上边线处买进，这便是《孙子兵法》中说的"先处战地，而待敌者佚"之精要。

买点10：持续形态头肩底形态的买点

实战示例

形态解析

● 持续头肩底形态为看涨持续形态。

● 它的内部结构与反转形态头肩底一样，但它们出现的位置却截然不同，反转形态头肩低出现在下跌趋势的末端，上涨趋势的启动阶段。

● 持续头肩底形态我们可以将其看成旗形形态或是矩形形态的变体，只是中间的波谷显得更低一些而已，如果你熟悉波浪理论的话，那么它通常出现在2浪或是4浪的位置，它是由上升推进浪中的子浪与回调浪中的子浪共同构成。

● 持续头肩底形态也同样存在着颈线，当股价向上突破了颈线后，构成买点，如果该形态出现在2浪中，那么突破颈线之时必然是3浪中的第3个子浪，正是股价疯狂上涨之时，如果出现在4浪中，那么突破颈线之时必然5浪中的第3子浪，同样也具备了3浪的特质，股价有着极快的上涨速度。

● 看涨持续头肩底，也可以看作为更小上涨级别中的底部，我们说它是持续形态，仅仅站在较大的级别中看待的上涨而已。

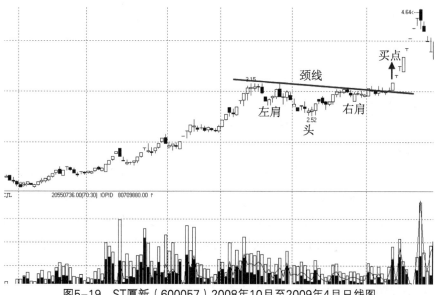

图5-19　ST厦新（600057）2008年10月至2009年4月日线图

盘面解析

如图5-19所示，2009年2月28日之前，为一段明朗的上升趋势，股价于2009年2月12日向下回调后，再度反弹，形成了左肩，反弹高点受到前高压制，继续回落，在回落过程中，成交量逐渐减少。2009年3月9日，股价自低点向上反弹，形成该持续头肩底形态的头部，此后股价自反弹高点处再次回落，形成右肩。在右肩的形成过程中，成交量相对于左肩有所减少。2009年4月13日，股价向上放量突破了该持续头肩底的颈线位置，形态已确认成功。给出了价格形态的最佳买点。

分时图实战示例

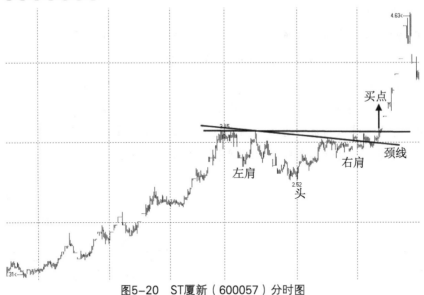

图5-20　ST厦新（600057）分时图

盘面解析

如图5-20所示，持续头肩底形态，按其名称可分为两部分，一为持续，二为头肩底，如果你站在小级别视角中，那么它主要是一个底部反转形态，如果你观察市场的角度更广，时间跨度更长，那么它便是长期上涨趋势线中的一段次要趋势，一段持续形态而已。那么我们平常与人讨论行情走势，之所以会有很多分歧，是因为各自并未将自己的立场、看待问题的角度阐述清楚，很有可能所说的是同一个问题，但由于误会产生分歧。

再切换至操盘层面，之所以同时会有很多人买进，相应的也出现很多人卖出，也是因为，买进者与卖出者所处的环境不同，立场不同，角度不同。我们可以得到这样一种推论，看待问题的角度，会直接影响到你对问题理解的深度与广度。那么长周期与短周期有不同的作法，如果你是中长线的投资者，那么可以将本形态视为持续形态头肩底，如果你是中短期投资者，依然可以将它看作为小趋势中的底部反转形态，殊途同归，万法归宗，这便是庄子《齐物论》中所说的"小大之辩也！"小与大，并无褒贬之意，仅仅是客观地描述其状态而已。

从小时线看此形态，则表现出时间跨度较长，让我们可以从更细的角度来划分，在左肩与头部的形成过程中，其实可以细分为持续上升楔形（详见后章），有些较为积极的投资者，据此可以先行尝试买进，如果投资者对头肩底反转形态有了更深层的了解，甚至也可以在右肩的形成过程中逐步买进。细心观察可以发现，在右肩的形成过程中，它表现为持续上升三角形形态，我们从宏观来看，持续头肩底形态的颈线被突破之时，也是其右肩的上升三角形上边线被突破之时，该形态的头肩底右肩的回调力度明显显弱，市场对于上涨的欲望更强。当该形态颈线被突破之时，受到来自前方水平高点的压制，当两条阻力较接近时，以突破最后一道阻力位为最准确的买入点，4月13日股价向上突破两道阻力位，确认了该形态的有效性，给出了价格形态的买点。

买点11：看涨楔形形态的买点

图5-21　江泉实业（600212）2010年5月至2010年6月日线图

形态解析

● 看涨楔形是上涨中继的持续形态。

● 看涨楔形形态是看涨旗形形态的一种变体，它与旗形形态内部的走势是一样的，在内部都存在着震荡五浪的走势，与旗形形态不同的是，它们震荡的方向虽然是向下的，但这五浪走势震荡的幅度却是越来越小，将震荡走势的高点相连，低点相连，形成两条边线，该两条边线都是向下倾斜的，但它们却是逐渐内敛的，在某一时刻，必然会相交。

- 当股价五浪震荡走势结束后，向上穿越上边线时，为确认该形态真正形成，给出了价格形态的买点，当然，通常情况下，都会存在着对于边线的反扑，所以股价被上边线再次支撑向上时，为加仓买点。也同时验证了该价格形态的可靠性。
- 随着楔形形态出现的位置不同，也肩负着不同的使命，它还可以成为顶部反转形态，但作为持续形态，它的运行角度与原上涨趋势的方向是相反的，而作为顶部反转形态之时，它的运行角度是与原上涨趋势相同的。

盘面解析

如图5-21所示，该形态无论从时间跨度，还是内部结构，都堪称经典的看涨楔形形态，本图例属于该形态中规模较大的，该形态是对自底部上涨以来的大幅修正，2010年11月11日以流星线构成了前方上涨的转折点，在向下运行中，成交缩量，符合持续形态的成交量方面的验证要求。2011年2月11日，股价向上突破上边线，给出买点。

分时图实战示例

图5-22　江泉实业（600212）分时图

盘面解析

如图5-22所示，2010年7月2日至2010年11月10日，这一段为上涨的持续调整形态，该小时线在跌破前面震荡攀升的最后一个低点后，即2010年11月10日开盘的低点，根据道氏理论，市场有可能出现向下的调整，而后上升再形成高点的成交量开始减少，其后便逐渐缩量下跌。

我们知道在股市中，股价的下跌是不需要成交量的配合的，股价开始萎缩，市场已经失去了上涨的动能。此时我们唯一要做的便是以逸待劳，兵法云：敌之害大，就势取利，刚决柔也。此计由损卦推演而出，损下而益上，是以柔道克刚道，待敌之疲累至极，再行进攻，此时再用趁火打劫之计。兵法又云：敌害在内，则劫其地；敌害在外，则劫其民；内外交害，则劫其国。所以，当回调已至极低点之时，抛盘再无压力，而下方遇到支撑之时，可在此处建立多头头寸，趁火打劫是以刚决柔之道，此二计并行而用，先行柔道，再用刚道，对于回调盘整走势，可谓无往而不利。

本图例中，当股价在前震荡低点受到支撑时，曾向上出现较大幅度的反弹，此时有些投资者会产生比较冲动的心理，但是你可以发现，该次反弹没有向上突破任何一个价格形态，包括趋势线的重要压力位，而后股价便再次缩量回落，以逸待劳之计的引申含义是说，不要选择主动破敌，而是运用最简单的方法控制最复杂的敌情，以不变应万变，当形态没有给出具体的方向时，我们完全可以采用此计，而之后股价高点逐渐下移，证明短期的小跌趋势已然形成，当股价下跌时我们持币以站在主动的地位，当股价下至低点，而成交量成地量之势，抛盘压力衰竭，股价突破短期的下降趋势线时，形成买点，可趁火打劫。

买点12：看涨旗形形态的买点

实战示例

形态解析

● 看涨旗形形态为涨势中的持续形态，该形态是指在单边上涨行情之后的中继盘整结束后，股价将继续原上涨趋势继续上涨。

● 这是看涨矩形形态的一种变体，内部同样会有五浪震荡的走势，但它与看涨矩形唯一不同的是，它的两条边线是平等向下倾斜的，其他的都与看涨矩形形态相同。

● 股价在两条平行边线内部的五浪走势结束后，股价向上穿越上边线，看涨旗形形态彻底完成，在突破上边线时为最佳买点。

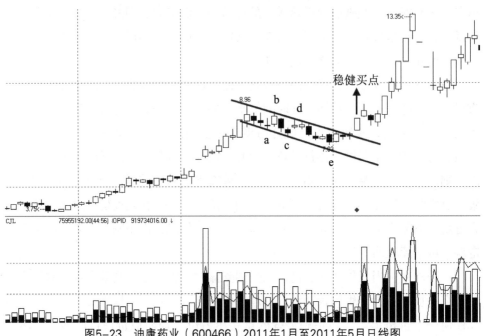

图5-23 迪康药业（600466）2011年1月至2011年5月日线图

盘面解析

如图5-23所示，本图例为标准上涨旗形形态，本形态由2011年3月14日运行至2011年4月7日，近三周时间，符合理论上的时间要求，通常情况下，旗形形态的时间跨度都是较短的，上下边均向下倾斜，股价位于其间，在形态内部向下运行时，成交量萎缩，向上运行时，成交量放大，3月31日，成交量达到最低点，向下的抛盘力度几近衰竭，2011年4月8日，股价在上边线以上跳空高开高走，以涨停板收盘，呈光头光脚的阳线，无量涨停，这是决定性的突破，在此超强的突破形态下我们甚至不必等待回调的验证。

此类调整形态通常出现在单边行情的腰部范围，预示着股价在突破后形成涨势，在理论上，上涨幅度等长于旗形出现之初的涨幅。该股价在突破后呈陡峭直线上涨状态，在实际操盘的过程中，凡遇此类形态应大胆买入，是重要的加仓信号。

分时图实战示例

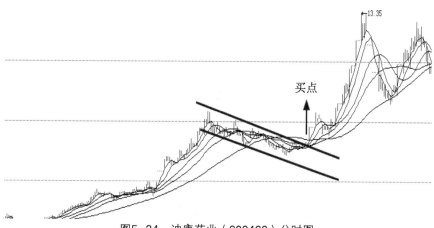

图5-24 迪康药业（600466）分时图

盘面解析

如图5-24所示，在实际的操盘中，当调整行情出现后，投资者往往处于焦急等待的状态，盼望着行情立刻出现上涨。从各项指标来看，当股价处于震荡行情时，各项指标往往失去任何指示作用，很多中小投资者，在此类调整中茫然失措。但趋势的停顿往往酝酿着更大的机会。

有些中小投资者热衷于追涨杀跌，在明显的趋势中搏杀，而往往越是明显的趋势中，其内部所蕴含的陷阱就越多，天下没有免费的午餐，而更多的高手，往往蛰伏于无趋势中，所谓无中生有，在没有趋势的行情中，才会演化出大趋势，只在在无趋势时，才是安全的，当趋势逐渐明朗之时，你会很惊讶地发现，你幸运地站在了趋势的起点，站在了趋势的起跑线上，这样你就比那些追涨杀跌的投资者持有更便宜的筹码，具有更大的心理优势，不论从气势上还是兵力分布上，都已经战胜了绝大多数的对手，这便是在无中生有时的博弈。一个好的技术分析者，就像一个猎人一样，寻求任何有诈的蛛丝马迹，以确认目标，时机成熟后，一击而中，当遇到危险时，也不会贸然冲动，做出错误的决定，会见机行事，全身而退。在此次旗形整理中，我们看到无论从移动平均线，还是其他摆动指标，均没有给出交易信号，但分析成交量便可发现，股价在此形态中向下运行的过程中成交量在不断萎缩，当达到该形态的最后一个低点时，成交量几乎达到地量的标准，这就是一个从无到有的过程。正所谓物极必反，此后，股价向上的跳空突破不是偶然，是经过该旗形形态向下调整，酝酿之后的必然结果。

当股价向上突破了旗形形态的上边线时，确认了该形态的有效性，给出了价格形态方面的最佳买点。

买点13：充当底部反转形态的三角形的买点

实战示例

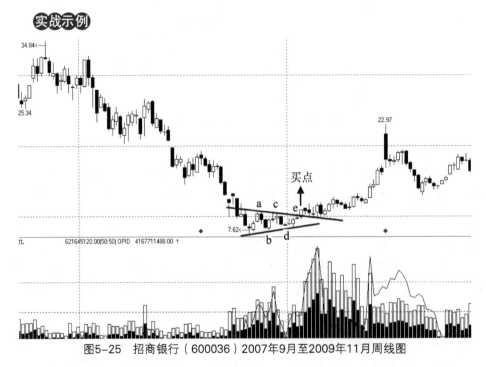

图5-25 招商银行（600036）2007年9月至2009年11月周线图

形态解析

● 三角形形态虽然是持续形态，但有时也会出现在趋势的底部，形成反转形态，因为其内部发生了变化，与持续形态三角形是不同的。它是由看跌三角形形态演变而来的。

● 三角形内部通常为五浪震荡走势，我们一般用abcde来计数其震荡的波数，在看跌持续三角形形态中，当第e波震荡结束后，股价会受到来自上边线的压制，向下突破该形态的下边线后，形成继续看跌的持续形态，而对于充当底部反转形态的三角形来说，在它的体内虽然依然有五波的震荡走势，但当第e浪时，上边线已经无法阻止价格向上反扑，向上有效地穿越了上边线后，由下跌趋势转而成为上涨趋势，形成充当底部反转形态的三角形，该形态也是三重底的一种变体。

盘面解析

如图5-25所示，通过之前列举的周线图形，我们可以得出这样一个结论，在我们的股市之中，底部反转形态通常规模小于顶部反转形态（圆弧底形态除外），2008年10月24日当周，股价长阴下跌，显示跌势意犹未尽，但在其后两周，便形成了启明星形态，这样就确定了该三角形的上下边的第一个转折点，通过此后股价的变化，我们画出了该底部对称三角形的轮廓，其实从成交量中也可以发现，在该底部第一个转折点后，成交量便呈现了逐渐上升的态势，股价于2009年2月6日当周，强劲向上突破上边线，完成了充当底部的三角形形态的确认，给出了买点，此后股价在调整中均受到该形态上边线处的支撑，上涨之势初步形成。

分时图实战示例

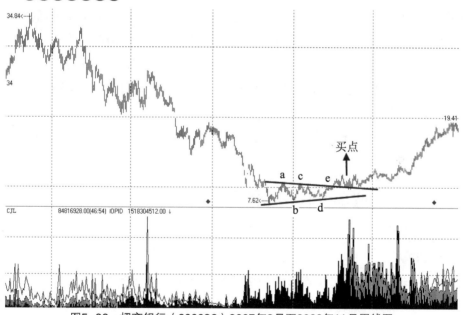

图5-26　招商银行（600036）2007年9月至2009年11月周线图

盘面解析

周线图更主要的作用是研判趋势的延续或是反转，并不能及时地发现转折点，所以我们利用周线图判研趋势之后，应当利用更小级别的日线或是小时线来寻找最佳的交易点。该形态的走势简单明了，易于辨别，通过日线我们可以更早地辨别出这是一组充当底部的反转三角形，由于三角形既可以为持续形态也可以为反转形态，如何分辨它们是一个重要的课题。

该形态是由看跌持续三角形演化而来的，在看跌持续三角形中，第e浪是三角形内部震荡的最后一浪，它受到来自上边线的压制，转而向下，向下方有效突破上边线后，形成看跌的持续形态，但在本节所讲的形态中，第e浪在上边线处，没有受到来自上边线的抛盘压力，空方已无力再维持股价继续向下的动能，所以，第e浪的任务并没有完成，股价自第e浪处向上突破上边线后，形成充当底部的反转三角形形态。

这便是形态本身的自我转换，它可以通过选择穿越上边线还是下边线来确认自身为持续形态还是反转形态，读者朋友们千万不要拘泥于陈规，看到三角形，便一定说它是持续形态，应当因时因地随时做出对市场趋势的判读。另外我们也可以用时间加以辅助分析，判断其是向上突破还是向下突破，三角形的突破通常为边线的二分之一处和四分之一处，但这并不能作为主要依据。我们再次强调一种观点，三角形的突破必须以突破上下边线来判定其为反转形态还是持续形态，这也符合之前的观点，在横向区间没有发生突破之前，更多时候，你并不知道它是持续还是反转，所以我们应持币观望，等待突破方向的出现，再行交易。

该底部三角形于2009年2月4日向上突破上边线，验证了该形态为反转形态，给出了买点。

买点14：底部反转楔形的买点

实战示例

形态解析

● 区分楔形是反转形态还是持续形态，关键在于它与主趋势的方向是否相同，如果楔形的方向与主趋势方向相同，那么它便是反转形态，如果它与主趋势的方向相反，那么它便是持续形态。

● 它通常出现在该级别下跌的最后阶段。

● 底部反转形态楔形与持续形态楔形的内部构成也完全不同。看涨持续楔形形态中，将与主趋势相反的第一次回调称为a浪，以此类推，在第e浪时，受到下边线的支撑，转而向上，突破上边线，形成新的上涨趋势。而在反转楔形形态中，在形态内部，最后一浪下跌中的第一次下跌，标记为"1"，在反复震荡之中，最后的下跌标记为"5"，当第"5"浪形成之后，底部楔形形成，股价转而向上突破楔形的上边线，趋势出现反转。

图5-27　东风科技（600081）2007年3月至2010年6月周线图

盘面解析

如图5-27所示，该底部楔形形态为此次下跌的最后一浪，它的轮廓清晰分明。底部楔形反转形态，具有两条倾斜向下，但内敛的上下边线。在这两条边线内，进行了五浪震荡下行的走势，通常顶部反转楔形或底部反转楔的边线突破处，为边线的四分之三处，有时也会向顶部运行，但这种情况并不常见。在该形态的底部形成了一组底部锤子线形态，这只锤子线与前后两周的K线，又构成了启明星形态。2008年11月14日当周，股价高开高走，同时突破了该底部楔形的上边线，验证了底部反转形态，同时形成突破之势，构成买点。

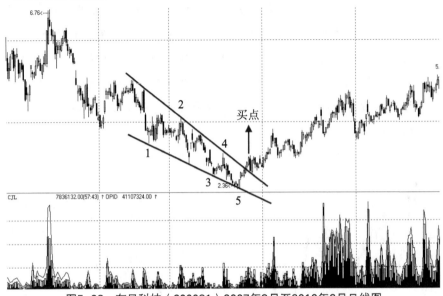

分时图实战示例

图5-28　东风科技（600081）2007年3月至2010年6月日线图

盘面解析

如图5-28所示，仔细观察日线图，2008年4月30日高点回落后，股价向下呈现整体的收敛状态，当股价突破2007年6月28日的低点后，股价的上下波动幅度开始明显减小，下边的切线与上边的压力线呈向下倾斜内敛状态，这样我们便可以做出基本判断，这是一个底部楔形，当楔形充当底部反转形态时，它的规模要大于持续形态中的楔形形态，若我们想要精益求精，可以从这个楔形的波动中进一步找出辅助判断，来验证这是否是一个标准的底部楔形。

该形态的第一个转折点为2008年7月1日的低点处，而上边处的第一个转折点为2007年7月28日的高点，至该楔形的最低点形成，向下与向上的震荡共出现了五浪结构，而每一浪均为三浪形态，这是形态内部所要求的。对于形态中波段的走势，只有在波浪理论中给予相关的解释和说明。虽然我们没有讲到波浪理论，但可以通过趋势线理论对它做出基本的判断。

波浪理论对于形态的判断具有明显的优势，同时我们也能看出，该底部楔形的低点处，恰巧位于该短期下跌趋势形成之前的上涨趋势的低点附近，也可以将其看作对于起涨点的验证，而在成交量方面，自2007年1月25日的反弹高点形成后，其后股价的成交量向下变为缩减的状态，尤其是该楔形初具规模后，股价向下运行时的成交量进一步萎缩，这从另一方面验证了我们的基本判断，该楔形可能引发今后的股价上涨，当股价于2008年11月13日向上突破了该下降楔形的上边线时，买点便真正形成了。

此后股价经过短期的横向震荡，在时间方面，已经超出了规定的期限，所以我们认为这一次突破为有效突破，其后股价呈逐渐放量的态势，股价缓慢向上爬升，远远脱离了该下底部楔形的形态，形成了后期的上涨趋势。

买点15：向上跳空窗口的买点

实战示例

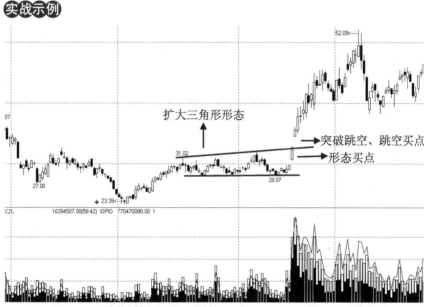

图5-29　兰花科创（600123）2010年5月至2010年12月日线图

形态解析

● 向上跳空窗口是指当前交易日的最低价与前一个交易日的最高价之间，形成的无成交的价格空白区，这种向上跳空窗口，是市场买方力量非常强大的表现，持币者由于购买不到，争相抬高价格买进，才会造成的极端价格体现，也同时说明出现该窗口时，争相购进的热情，所以遇到向上跳空窗口可买进。

● 向上跳空窗口分为突破窗口、中继窗口、衰竭窗口和普通窗口。其中仅有突破窗口与中继窗口具有买进意义，衰竭窗口与普通窗口不具有买进的指导意义。

● 突破窗口是指向上跳出原下跌趋势线，或是跳出底部反转形态的颈线，或是跳出上升趋势中的看涨持续形态中的上边线，是行情刚刚启动之时最重要的买点之一。中继窗口是指在快速上涨趋势中，向上跳出的窗口，可根据中继窗口进行加仓操作，因为它还具有测算功能，通常中继窗口出现在该趋势的中间部分。

● 衰竭窗口是指上涨行情出现在最后的上涨阶段，此时再行买入的风险极大；普通窗口是指在震荡走势中出现的跳空窗口，不具备任何意义。

盘面解析

如图5-29所示，该股在底部反弹后，形成了一组扩大三角形形态，2010年9月30日，股价在扩大三角形区域内向上跳空，以涨停板收盘，向上突破了扩大三角形的上边线，构成形态买点。次日，股价再次放量形成向上突破跳空，构成了新的跳空买点。这是突破持续形态上边线后的跳空，所以可定义为突破跳空窗口。

分时图实战示例

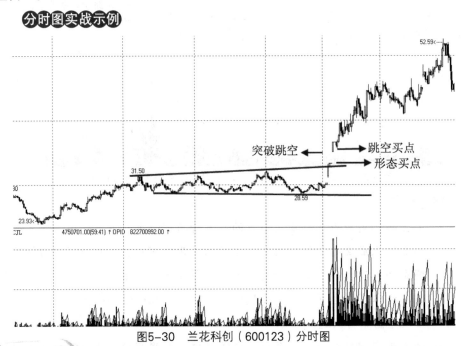

图5-30 兰花科创（600123）分时图

盘面解析

如图5-30所示，市场在9月20日前后处于扩大三角形形态的下边线时，成交量已经处于极度萎缩状态，所以从成交量方面的配合形态分析来看，我们可以认为，股价调整形态可能即将结束。10月8日开盘后，股价与前一日的收盘便形成了向上跳空的态势，成交量有效放大，但此次跳空窗口依然受到了来自扩大三角形上边线处的压制。再从大方向上来看，本次跳空发生在震荡区间内，在理论上，当其发生时尚不能确定其作用，不能确定它是否属于普通跳空，从这方面讲，我们并不能将其定义为突破跳空。但如果从小的区域来看，自9月16日10时至9月28日14时之间，是一个极小规模头肩底形态，若按局部区域的形态来判断，该跳空窗口可以作为突破跳空窗口来对待，这取决于投资者的分析角度和视野。无论如何，我们认为，当前期的调整形态已经运行至接近尾声时，此次跳空窗口的出现，无疑体现了市场积极乐观的情绪，具有很重要的意义，激进的投资者完全可以据此入市，而该次跳空窗口，成交量给予了积极的配合，所以从这个角度上来讲，我们也可以将它定义为局部的突破跳空窗口作为买点。

从扩大三角形的形态来看，该日10时以后才真正出现了买点，因为股价已然向上突破了扩张三角形的上边线，构成了价格形态上的买点，虽然突破幅度尚未经过验证，但股价当日以涨停板收市，这种极端强劲的市场表现，只要在涨停板还能成交，完全值得我们入市。

2010年10月11日开盘后，股价创出此阶段的天量，向上跳空高开高走，从大规模的角度来看，这是一个无可争议的跳空买点，该日股价继续以涨停板收市，相对于价格形态来说，它是股价向上突破价格形态边线后的首次跳空，也可将其定义为突破跳空窗口，给出了跳空窗口处的买进信号，也可以作为加仓信号。

买点16：回试向上跳空窗口处的买点

实战示例

形态解析

● 跳空窗口属于K线图形态中的持续形态。

● 向上跳空窗口不论其窗口上限处，还是其窗口下限处，都存在着向上的支撑，所以当股价向下回补窗口，但受到上限或下限处的支撑时，激进的投资者可以据此买进，若彻底回补了窗口，应当先行平仓止损。

● 稳健的投资者可以在获得支撑后，再次得到其他方面买进信号的配合时，再行买进。

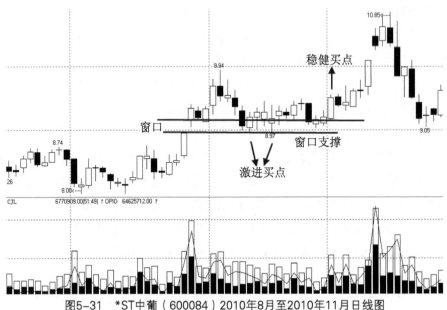

图5-31　*ST中葡（600084）2010年8月至2010年11月日线图

盘面解析

我们可以将此次向上跳空定义为突破跳空，也可以定义为中继跳空。从跳空的意义来讲，属于突破跳空窗口；从在该上涨趋势中所属的位置来看，属于中继跳空窗口。本次跳空将股价推向了上涨趋势中新的阶段，在跳空的前一日，股价以涨停板收市，从成交量上来看，该日的成交量较之前的高点成交量明显放大，由此看来，本次上涨对于后市的展望有着十分重要和积极的作用，预示着上涨动力在凝聚后终将爆发，次日的向上跳空，成交量方面几乎有着成倍的增长，显示了市场积极向上的乐观情绪，看涨欲望高涨，当一个跳空形成时，在该跳空窗口处出现的成交量越大，则它就越重要，而对此后股价形成的支撑也将更强烈。后续走势回试该跳空窗口时，也得到了验证。

从日线上看，与小时线有所不同，自2010年10月14日，股价开始回试该跳空窗口下限处的支撑，在其后的四个交易日内，股价反复试探该向上跳空窗口下限的支撑，但每日均以阳线收盘，留下了长长的下影线，下影线则反映了该处对于股价的强劲支撑，当股价遇到支撑时，便向上反弹，且弹性很强。跳空窗口的成交量越重，形成的买点越可靠，所以此处便可作为相对可靠的回试买点。

分时图实战示例

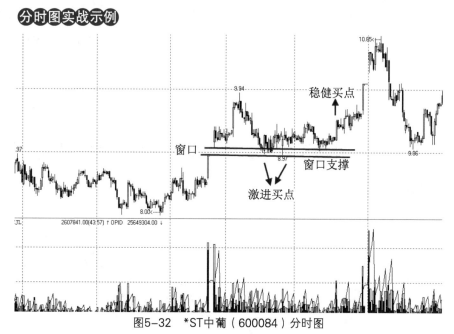

图5-32　*ST中葡（600084）分时图

盘面解析

如图5-32所示，2010年7月2日股价展开上涨之后，在8月10日，形成短期高点，此后股价便进行了近三十个交易日的震荡整理。9月28日开盘，股价向上跳空，与前一日的最高点形成跳空窗口，该跳空向上一举突破了所有阻力，此跳空窗口的意义非常重大，它是经过了三十个交易日震荡积累之后的结果。它的出现不是偶然的，前一个交易日已为它的跳空打下了基础，以涨停收盘，这一日的跳空，只不过是延续了前期的上涨动力而已。

当跳空出现后，成交量也给予了积极的配合，此后股价经过短期的横向震荡，对该跳空进行了整固，将股价维持在了跳空窗口之上。在整固了阵地之后，股价再次向上急拉，我们将该次跳空定义为突破跳空也并不为过。可以发现，在跳空形成的前一日，股价以涨停板收盘，由于涨幅限制，并未突破震荡区间前方高点处的压力，而该次跳空，直接向上突破前高的水平压制，此后的股价在向上急拉后，出现了向下的调整，该次调整突破了向上跳空窗口的上限，并在下限处获得支撑，完全填补了这个跳空窗口，从小时图中可以看出，股价曾经在该跳空窗口的下限处，反复试探均未能向下回补窗口，显示出了该窗口下限处的支撑力极强。

在窗口的下限处也形成了一组平头底部形态，激进的投资者可以在此处尝试性买入，在买入之后，一旦股价向下回补窗口后继续下行，说明窗口支撑被打破，应当止损离场。稳健的投资者可以在该平头底部形态获得验证时，再行建立多头头寸。10月28日开盘后，股价再次向窗口试探，确认获得支撑后，市场回归到上升趋势中。

买点17：回补原下跌趋势中向下跳空窗口后的买点

实战示例

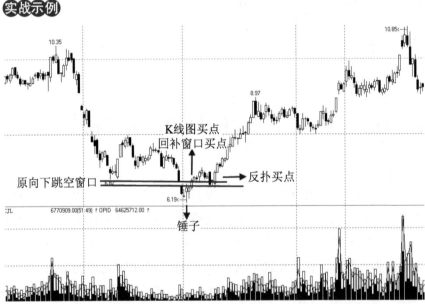

图5-33　*ST中葡（600084）2010年3月至2010年11月日线图

形态解析

● 跳空窗口分为突破窗口、中继窗口和衰竭窗口，若在趋势中发现衰竭窗口，必然在其下跌一段后出现拐点，那么股价在经由拐点后，若再次回补该窗口，并且持续向上，便给出了重要的买进信号。

● 有时你可能无法具体分辨出跳空窗口的类别，但你可以根据它带给我们的支撑和压制来发现具体的交易信号。不论它是哪种窗口，一旦被回补，并且股价继续向相反方向运行，那么该窗口便失去了它的支撑或是压制作用，重要的点位失去了作用，也就为我们提供了交易信号。

盘面解析

如图5-33所示，该向下跳空窗口，虽然从趋势上来看属于衰竭性跳空窗口，但多少也具备了向下突破的意味，在该向上跳空窗口出现之前，同样出现一次对称三角形的持续形态。2010年6月29日，股价向下突破了该三角形的下边，同时突破了原下跌趋势中的下跌低点，但突破幅度较小，随后便出现了本图中所讲的向下跳空窗口，但该向下跳空窗口并未引起市场的恐慌，向下跳空窗口出现的次日，便出现了倒锤子线和锤子线的底部形态，此后倒锤子线和锤子线形态得以验证，但股价受到了该向下跳空窗口的短期压制。直至2010年1月6日，股价向上完全回补了向下跳空窗口，并向上突破。如此便构成了回补窗口的买点，同时也是对于底部锤子线形态与倒锤子线形态的进一步验证，虽然该窗口与其他类型的窗口相比意义并不大，但在其后的走势中起到了支撑作用，回试了回补该窗口的有效性。2010年7月19日，股价向上弹起，构成了反扑的买点。

分时图实战示例

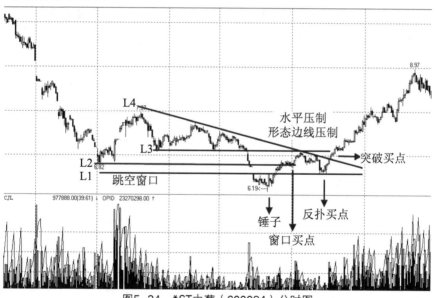

图5-34　*ST中葡（600084）分时图

盘面解析

如图5-34所示，通过该小时线，可以观察到在跳空窗口出现之前的调整是一组标准的看跌下降三角形的持续形态。6月28日14时，股价向下突破了该三角形的下边处，而6月29日开盘后，股价顺势下跌，最终以跌停板收盘，并向下突破了前下跌趋势的低点处。跌停板的出现，往往意味着极期疲弱的市况，是投资者对于市场悲观情绪的集中表现，在跌停板后出现的向下跳空也就完全顺理成章，可以理解了。但是即使是在这样的悲观情绪下，股价出现向下跳空窗口后，市场中并未出现大幅的下跌，反而出现了底部支撑。7月2日13时，股价在下降后，收出了底部锤子线的反转形态，在当日的最后一个小时内，股价便向上验证了该锤子线的反转，但是在此后一段时间的交易日内，股价依然受到前期向下跳空窗口下限的阻力，跌停板引发的跳空往往比其他情况下的向下跳空窗口能显示出更多的压力。虽然该跳空从图表中看来是衰竭跳空，但是其压制作用还是不可忽视的，同样需要较大的买盘力量才能够战胜这一向下跳空窗口的压制。

7月6日开盘股价在窗口内部显示出犹豫不决的态度，收盘前向上突破了该窗口的压制，构成了突破买点，此后股价对于该窗口的上限处进行回试并获得支撑后，向上反弹至前下跌趋势的下降三角形处的压制，重新回落，回试向下跳空窗口的下限处，获得支撑。7月16日14时，形成回试买点，此后股价一路上行，连续突破了前反弹高点及下降三角形下边线的压制，继而向上突破了三角形上边线L4的压制，上升趋势得以确认，

从图例中可以看到，线L1、线L2、线L3与线L4对股价后期的走势均起到了至关重要的作用。

第6章 价格形态的卖点

俗话说，会买的是徒弟，会卖的才是师傅，其引申含义为知道在何时何处买进很容易，而在恰当的时机卖出，能够使自己获取最大的利润，或出现损失时使自己的损失降至最低很难。这一行为不会引发后悔的情绪，从这一个角度来讲，做出卖出决定的心理素质比买进时所需要的心理素质要高很多，这也说明了价格形态卖点的重要性。所幸的是，技术分析为我们提供了一些经过历史经验证明的经典顶部价格形态，供我们学习、参考和研究，例如头肩底、双重顶、三重顶、圆弧顶等形态，都是常见的顶部反转形态，还有一些下跌中的持续形态，如果我们认清了它们是下跌的持续，也就不会贸然进场，蒙受不必要的损失，本章中我们就价格的顶部反转形态和持续形态做进一步的讲解。

卖点1：头肩顶形态的卖点

实战示例

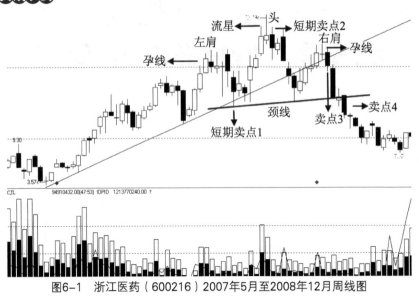

图6-1　浙江医药（600216）2007年5月至2008年12月周线图

形态解析

● 头肩顶形态为顶部反转形态。

● 头肩顶形态由三个波峰高点构成，其中间的波峰略高，为头肩顶形态的头部，其他两个波峰分布在头部的两侧，略低于头部，为头肩顶形态的左右两肩，两肩的高度基本在同一水平位置，即使有偏差，也不可以过大。

● 三个波峰下方对应着两个波谷，两个波谷处连接而成的直线，为头肩顶形态的颈线，当价格下破该颈线后，头肩顶形态确认成立。通常情况下，当股价下破颈线后会出现对于颈线的反扑。

● 头肩顶形态在理论上具有预测最小下跌价格位的作用，测量出头部至颈线的垂直距离，将该距离由股价向下突破颈线后向下映射，为理论上的最小目标下跌位。

盘面解析

由于顶部形态构成的时间跨度相对较长，所以在此我们选用周线图与日线图进行对比来讲解交易点。选用周线图，顶部反转形态会显得更加简单明了，更有利于形态的判断。如图6-1所示，在2009年3月7日当周，股价在前一根阳线实体内部开盘，创出高点后回落收阴，构成顶部反转孕线形态。回落后，该高点形成头肩顶的左肩，遇上涨趋势线支撑上涨，再以流星线形态，构成了头肩顶形态的头部，回落至前低处，受到支撑后反弹，以十字孕线形态构成了右肩形态。8月22日，颈线宣告突破，完成了头肩顶反转形态。该图例中，成交量符合理论头肩顶的成交量变化，右肩量少于左肩量。股价突破颈线下跌目标基本达到了理论预测目标的价位，当趋势线被反复突破后，已经失去了该趋势线的支撑或压力意义，所以当价格再次上穿该趋势线时，并不构成买进信号。

分时图实战示例

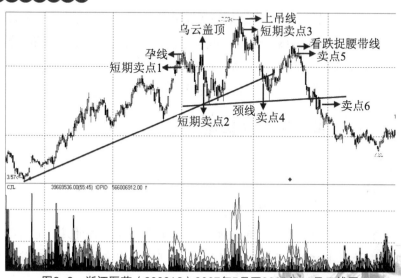

图6-2　浙江医药（600216）2007年5月至2008年11月日线图

盘面解析

如图6-2所示，首先我们先要做出一条上升趋势线，确定该股价处于上升趋势中。2008年3月3日，股价以长阳线突破前高，但次日股价便于阳线实体内部低开，小幅收阴，构成了顶部孕线形态。值得我们注意的是，该高点形成之前的每一个高点处，其对应的成交量都是逐渐萎缩的，这说明上涨的动能逐渐减弱。在该高点形成时，成交量进一步萎缩，3月5日股价低开下行，跌破顶部反转孕线的长阳实体，构成了卖点1。由于股价并未向下突破这条上涨趋势线，所以此时形成的卖点，都属于短期卖点，我们在图中也有标注。只有下破趋势线，或是形成各种反转形态之后，才能构成具有趋势性的卖点。该高点为头肩顶反转形态的左肩部。3月24日，形成乌云盖顶形态，构成了卖点2。股价在回落中，受到了原上涨趋势线的支撑，转而向上运行，2008年5月12日，股价长阳破高，但此处的成交量虽然稍有放大，较之前趋势形成之时的成交量却显著减少，次日股价便形成了上吊线形态。5月15日，股价继续下行，深深插入了前方长阳线的实体，给出了上吊线的有效验证，构成了短期卖点3，股价缩量下行。

自上吊线开始，下行的成交量较向上的成交量明显增加，显示抛盘力量增加，市场意愿已有了下跌的倾向，当股价跌破上升趋势线时，构成了卖点4。但其后不久受到前回调低点的支撑，在左肩水平价格处，以看跌捉腰带线形态构成了右肩。7月23日，股价跌破看跌捉腰带线形态的低点，构成了卖点5。再次下跌，跌破了原上涨趋势线，由于该趋势线被反复击穿，已失去其指导意义，8月18日，跌破了两个谷底的连线，也就是击穿了颈线，确认完成了头肩顶反转形态，形成了最重要的卖点，为卖点6，该卖点的形成预示着市场已经进入了趋势性下跌阶段。理论上最小下跌目标价位为自突破颈线处减掉头部至颈线的垂直距离。

卖点2：三重顶形态的卖点

实战示例

形态解析

- 三重顶形态为顶部反转形态。
- 三重顶形态有三个显著的波峰，与头肩顶形态不同的是，它所拥有的三个波峰基本都处于同一水平位置，当然也存在着偏差，但不能出现过大的偏差。

- 三个波峰相对应的两个波谷的连线，为三重顶形态的颈线，当股价向下击穿该颈线时，确认三重顶形态彻底形成。通常情况下，会出现对颈线的反扑情况。

- 三重顶形态在理论上可预测向下的最小下跌目标位，先测量出中央头部至颈线的垂直距离，再由股价向下突破颈线处向下映射同样的距离，为理论上最小下跌目标位。

- 三个头部所对应的成交量呈现为逐渐萎缩状态。

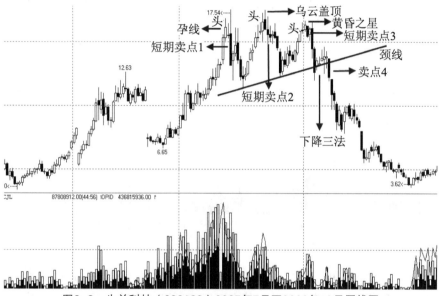

图6-3　生益科技（600183）2005年7月至2008年12月周线图

盘面解析

如图6-3所示，2007年5月18日当周，股价承接上周涨势继续上涨，下一周的K线与该周形成顶部反转孕线形态。6月1日当周，股价创出新高后，出现盘中跳水状况，当股价跌破孕线中阳线实体时构成卖点1。在回调的底部形成启明星形态，上升前高处受压回落，形成乌云盖顶形态，股价回落，构成三重顶形态中的第二个头部，此时的成交量较前一个头部明显减少，形成短期卖点2。股价于回调低点形成看涨孕线，较之于之前的上涨继续缩量上行，构成三重顶形态的第三个顶时，其对应的成交量较之前两个头部更是急剧萎缩。1月25日当周，股价大幅下跌，跌破前方多根K线实体，构成短期卖点3。股价在颈线处短暂徘徊，最终以下降三法形态完成有效突破，构成了具有趋势性的卖点4。配合中间的顶部形态，MACD指标在那时便已出现了顶部背离形态，这更加印证了头部反转形态的有效性。

分时图实战示例

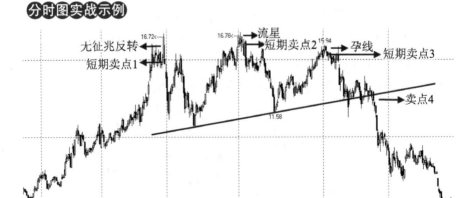

图6-4　生益科技（600183）2006年10月至2008年3月日线图

盘面解析

如图6-4所示，2007年5月29日，股价向上突破前期高点，创出新高，一切尽在买方的掌握之中，次日股价突然向下跳空低开，在冲高后回落，收成光脚阴线，此日的下跌之前毫无征兆，也没有任何顶部反转形态与之对应，我们只好称之为无征兆的反转，MACD于此日发生了高位的二次死叉，此时构成了卖点1。股价呈现跳水状态，股价于低点处形成看涨抱线形态，小幅反弹后，形成了短期平头顶部形态，股价继续下跌，完成了这次调整，此后股价震荡上行，但是在这一上涨过程中，成交量较前一个顶部所对应的成交量有着明显的萎缩状况，这一次上涨的可靠性值得怀疑。股价在2008年8月31日形成了流星形态，虽然此后两日的股价继续向上创出了新高，但实体部分仍未脱离该流星线的势力范围，股价于9月5日开始继续下跌，而9月7日的大幅下跌给出了流星形态的有效验证，该阴线插入流星线之前的阳线实体，完成了三重顶中的第二个顶部，同时MACD指标向下发出死叉信号，与之前的高点处对应的MACD指标形成顶部背离，给出短期卖点2。

股价此后的下跌，在前一个谷底附近得到了支撑，之后再次向上反弹，而与这次上涨过程所对应的成交量变化，呈现继续缩减之势，上涨力度进一步减弱。在接近前高时，买盘即告衰竭，买方无力将股价进一步推高。在此高点处，2008年1月3日与4日的两根K线形成了顶部反转孕线形态，次日股价下跌，跌破顶部反转孕线整体形态的低点，向下配合以放大的成交量，抛压突显，构成了卖点3。

1月10日股价继续下跌，MACD指标再次出现死叉，更加印证了卖点3的可靠性，当股价继续向下穿越了三重顶形态的颈线时，形成了具有趋势性的卖点4。我们还能看出，颈线被反复地上下击穿，此时可以采用时间过滤器和价位过滤器来找到真正向下击穿颈线时的卖点。

卖点3：头肩顶形态的卖点

实战示例

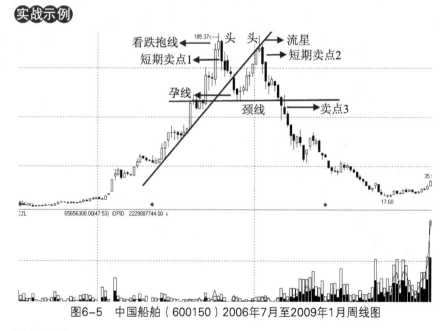

图6-5 中国船舶（600150）2006年7月至2009年1月周线图

形态解析

● 双重顶形态为顶部反转形态。

● 双重顶具有两个明显的波峰，两个波峰的高点基本处于同一水平位置上，可以存在偏差，但偏差不能过大。

● 双重顶的两个波峰中只对应着一个波谷，以波谷低点处画一条水平的直线，为双重顶的颈线，当股价向下击穿颈线后，为最终确认双重顶形态彻底完成，如果没有突破颈线，则不可轻易做出形态判断。是否下破颈线，为检验双重顶形态是否真正成立的唯一标准。

● 测量出头部到颈线处的水平距离，再将该距离由股价向下突破颈线处向下映射，得出双重顶部理论上最小下跌目标位。

盘面解析

如图6-5所示，2007年10月12日当周，股价承接上一周长阳继续向上冲高，留下一根相对较长的上影线，该周的高点为历史新高，但此周的成交量没能有效放大，下一周的股价仅小幅高开，便向下急挫，呈现跳水状态，与前一周的阳线构成了看跌抱线形态，并且股价深深地插入了前一根长阳实体，构成短期卖点1。而成交量也较之前的阳线明显放大，显示抛盘压力沉重，2007年11月23日与30日两周的K线，构成了底部孕线形态，同时也是一组平头底部形态，该处价格受到前期上涨的短期高点支撑，再次冲高到趋势线，达到历史高价，以流星线收盘，形成了顶部反转形态，次周给出了卖点2。2008年2月28日当周，股价放量跌破双重顶颈线，确认了该形态的完成，构成了重要的趋势性卖点3。

分时图实战示例

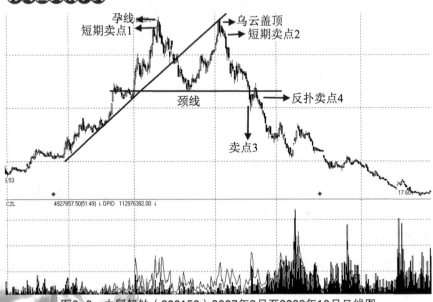

图6-6 中国船舶（600150）2007年3月至2008年10月日线图

盘面解析

如图6-6所示，2007年10月11日，股价向上创出新高，以中阳线收盘，次日股价低开大幅下跌，尾盘收出一根有长长下影线的小阴线，与前一日的阳线构成了顶部反转孕线形态。2007年10月15日，股价放量收阴，插入了顶部反转孕线前方长阳实体内部达一半以上，给出了顶部反转孕线形态的有效验证，构成了短期卖点1。在此后的股价下跌中，向下的成交量逐渐放大，说明抛压动能在逐渐增加，11月9日，股价向下击穿了前期上涨趋势线后，上涨趋势终结。直到2007年11月23日，股价以前一根阴线形成看涨吞没形态，暂时结束了这一波段的下跌。11月27日，在看涨抱线形态的低点处，低开高走，形成了双平头底部形态。11月29日高开高走，突破了底部震荡区间的上限，成交量放大，这是一个短期的买点，股价稳步向上运行，但是在接近前一个高点处，受到抛盘的强烈压制，而此价位同时也为原上升趋势线处，股价在此受到了双重的压制。2008年1月8日，股价高开低走放量收阴，与前一根长阳线形成了乌云盖顶形态，卖点在此处出现，形成一个强烈的反转信号，配合以相对较大的成交量，更增加了趋势反转的可能性。

此后，股价小幅调整，于1月15日，股价低开低走，向下击穿了乌云盖顶形态的低点，构成了短期卖点2。2008年2月25日，股价向下跌破了两个波峰之间相对应的波谷低点，此处为双重顶形态的颈线，当股价向下击穿此颈线时，确认双重顶形态的彻底完成，构成具有趋势性的重要卖点3，此后，股价向上反扑该颈线处的压力位，在颈线处形成了黄昏之星顶部反转形态。2008年3月5日，股价验证了黄昏之星顶部反转形态，同时验证了颈线压制的有效性，构成了反扑后的卖点4，也是趋势反转后的最后一个最佳卖点。该只股票的顶部反转波澜壮阔，经过双重顶形态的反转，股价由185.37元直线下跌至17.60元，堪称经典。

卖点4：圆弧顶形态的卖点

实战示例

形态解析

● 圆弧顶形态为顶部反转形态。

● 圆弧顶形态几乎没有明显的波峰高点，股价先上后下所形成的顶部形态，呈圆弧形，股价运行平滑，所以称为圆弧顶部。

- 圆弧顶部相对于其他顶部反转形态来说，它没有颈线，反转过程平滑，视觉角度不明显，通常以向上穿越前期的下跌高点处为卖点。
- 圆弧顶形态的规模越大，其反转力度越强，通常圆弧底形态很难出现，但一旦出现，其成功率与反转力度都非常大。
- 在圆弧顶的后半段上涨过程中，成交量是按照圆弧顶部的形态而演化的。当股价处在上涨过程中，其成交量逐渐增加，至形态中部为成交量最大处，随着股价的下跌，成交量逐渐萎缩。

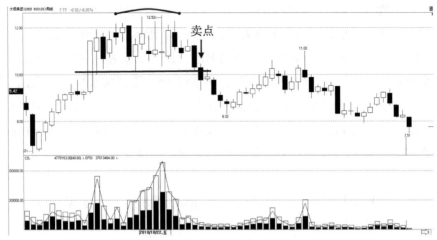

图6-7　太极集团（600129）2010年6月至2011年8月周线图

盘面解析

如图6-7所示，2010年9月3日当周，股价以长阳线报收，涨幅达23.78%。当周便以光头阳线收盘，显示了上涨之强劲，将股价推至了顶部区域。然而，下一周股价虽低开小幅收阳，但留下了长长的下影线，当周股价较前一周成交量成倍增长，显示出市场在此区域内，买卖双方意见分歧极大。在此后的几周当中，股价虽每周都小幅破高，但均未能收到当周高点之上。

2010年11月19日当周，股价放巨量破高，但以长长的上影线和极短的实体结束了当周的行情，此后股价缩量下跌，构成了圆弧顶形态。2010年12月31日当周，股价向下跌破了圆弧顶这一震荡区间的低点，验证了形态的形成，在股市当中，圆弧顶形态是极其罕见的顶部反转形态。

本图例中的圆弧顶形态成交量的变化基本符合理论上的要求，当股价跌破支撑线时，市场多空双方对下跌达成一致，此后股价在下跌过程中，继续持续了缩量的状态。

分时图实战示例

图6-8 太极集团（600129）2010年6月至2011年8月日线图

盘面解析

如图6-8所示，2010年9月2日，股价以涨停板收盘，突破了前高，次日股价继续放量，高开高走，再度以涨停板收盘，将股价逐步推向前高的区域，2010年9月6日，股价没有承接昨日的涨势继续上涨，反而低开低走，将昨日涨势完全吞没，甚至回补了向上跳空窗口。这一日，市场表现出偏激状态，而此后股价也并未随之下跌，反而继续向上推高。在此后的阶段，股价破出新高，便急速回落，回探此区域的低点，显示市场情绪已经失控。

在此阶段，股价仅在较高的区域内反复震荡，但与持续形态不同的是，它不断地向上突破创出新高，来引诱买方接盘。但股价最终都没有收在高位处，继而下跌，但跌幅不大，遇支撑便向上反弹，一旦稍稍突破新高，便即再回。此处再配合成交量方面来看，成交量明显放大，说明投交积极，但一买必定对应着一卖，买方的强劲也正说明了卖方抛盘坚决。如果这是在一波单边上涨的行情中，成交量不断放大，那么我们可以放心持有，但此时是在高位横盘震荡区间，成交量便开始放大，甚至大于前期单边上涨的成交量，因此，此处必定为庄家出货之处。所以，一旦遇到震荡盘整期间，成交量明显大于单边行情的成交量之时，一定不要盲目参与，持仓者应立即抛出手中的股票，离场观望，持币者更应当远离此行情，寻找其他的买入机会。

圆弧顶的前半段与顶部扩大三角形属于同一性质，均有逐步向上的高点，不同之处在于，它没有逐渐降低的谷底。2010年11月16日，股价再度大幅拉升，以涨停板收盘，给出了近期震荡区间内部的新高点。长阳次日低开低走，以光头光脚放量跌停收盘，不仅完全吞没了上一交易日的涨停幅度，并且收盘价低于上一交易日最低点，两日的走势确定了圆弧顶的高点。这是一场决定性的战役，完全暴露出主力拉高出货诱多的伎俩。此后股价由反弹的高点开始逐渐下降，于2010年12月27日跌破了该震荡区间的低点，彻底摆脱了圆弧顶的震荡走势，确定了下跌趋势的形成，构成卖点。

卖点5：看跌对称三角形形态的卖点

实战示例

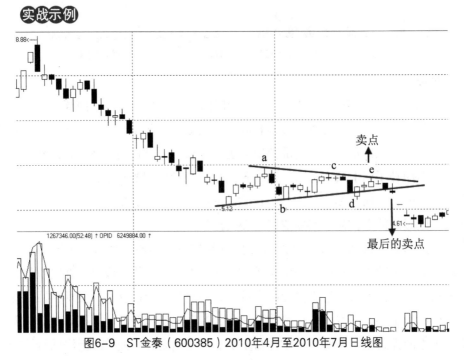

图6-9　ST金泰（600385）2010年4月至2010年7月日线图

形态解析

- 看跌对称三角形形态为跌势中的持续形态。该形态是指在单边下跌行情之后的中继盘整结束后，股价将继续原下跌趋势继续下跌。

- 对称三角形内部通常是由上下五次的震荡走势完成的，并且这五次震荡走势的震荡幅度越来越小，呈现逐渐收敛的形态。将这五波走势之间的高点相连，低点相连，得到两条边线，这两条边线在视觉上给人一种等腰三角形形态，所以将该形态称为对称三角形。

- 在最后的震荡运行结束之后，股价会向下突破边线，突破处应在边线的四分之三处之内，如果在边线的四分之三处之外突破，则该形态将失去其自身的指导意义。

- 测量出形成对称三角形之始的高低之间的垂直距离，将这段距离在突破下边线处向下映射出去，能得出看跌对称三角形形态理论上的最小下跌距离。

盘面解析

如图6-9所示，2010年5月21日，股价低开高走以看涨捉腰带线形成该对称三角形的第一个转折点，2010年6月2日，股价自反弹低点以看涨抱线形态构成下边处的第二个转折点，两个折点连接而成下边线，2010年5月28日，股价以流星形态形成反弹高点构成上方的第一个转折点，2010年6月10日，以顶部孕线形态形成第二个转折点，两点连接成为上边线。该三角形从形成到突破运行了仅一个月的时间，三角形的内部呈现完整的五波震荡走势。2010年6月30日，股价以跌停这种极端的方式向下突破了该三角形的下边线，完成了三角形形态的确认。

分时图实战示例

图6-10 ST金泰（600385）分时图

盘面解析

如图6-10所示，股价于2010年5月21日大幅跳空低开，以看涨捉腰带线收盘，此后股价向上关闭窗口，继续向上运行，以顶部孕线形态结束该次反弹，这样就确定了下方的第一个转折点。当股价回落后，在6月2日开盘的第一个小时内，股价以看涨孕线形态结束此次回调向上反弹，在接近前高处以乌云盖顶形态结束了这次反弹，向下回落，确定了上方的第二个转折点。连接这两个低点，形成该形态的下边线。当此次股价向下回调后，由此高点与前高点连结，形成该形态的上边线。对称三角形形态的初步轮廓已经构成。

值得我们注意的是，2010年6月21日股价呈向下跳低开盘，开盘价位于该三角形形态的下边线之下，在经过小幅上涨之后，便回升至三角形区域之内，所以我们认为这一次的突破为暂时性的假突破，也就是趋势线理论中所讲到的毛刺现象。我们根据盘面的实际情况及该下边线支撑的有效性，对于下边并不再次纠正，也就是不再画出另一条涵盖毛刺的下边线。将该三角形的下边线延长可以发现其对后势股价的走势依然形成压制。

在股价最后一次反弹至上边线时形成了看跌孕线形态，该高点低于前两个反弹高点并受到上边线的压制，根据对称三角形的理论，该点处为最后一波震荡走势。此处激进的交易者可以据此卖出，在该三角形区域内，成交量对于该形成给予了有效配合，可以发现，当股价在向上运行时，成交量相对放大，向下运行时，成交量相对萎缩。

2010年6月28日，股价向下突破该三角形的下边线，14时，股价曾向上回试该形态的下边线，而后回落，验证了本次突破的有效性，这是该形态最后的卖点。次日，股价以跌停开盘，全天收于跌停处。

卖点6：看跌上升三角形形态的卖点

实战示例

形态解析

- 看跌上升三角形形态为跌势中的持续形态。该形态是指在单边下跌行情之后的中继盘整结束后，股价将继续原下跌趋势继续下跌。

- 看跌上升三角形形态是看跌对称三角形形态的一种变体，在它的内部同样会出现五次上下震荡的走势，这五次震荡走势的震荡幅度也同样会越来越小，呈现逐渐收敛的形态，但我们将五波走势的高点相连，低点相连，会发现下边线是倾斜向上的，但上边线却是一条近似于水平的直线。在这段震荡走势中，高点是持平的，而低点是不断上升的，所以称为上升三角形形态。

● 在最后的震荡运行结束之后，股价会向下突破边线，突破处应在边线的四分之三处之内，如果在边线的四分之三处之外突破，则该形态将失去其自身的指导意义。

● 测量出形成对称三角形之始的高低之间的垂直距离，将这段距离在突破下边线处向下映射出去，能得出看跌上升三角形形态理论上的最小下跌距离。

图6-11　浦发银行（600000）2011年4月至2011年8月日线图

盘面解析

如图6-11所示，在该形态之前为一段清晰可见的下跌趋势，2011年6月23日，股价向下探出新低，以阳线收盘，与之前的阴线形成了看涨吞没形态。次日股价便大幅向上反弹，次日的反弹高点确定了该上升三角形的上边线，此后股价在上边线处受到压制，底部呈震荡向上运行趋势，底点逐步抬高，如此上升三角形的初步轮廓形成。在股价向三角形的上边线运行过程中，成交量没有显著的变化。2011年7月19日，股价直接在下边线之下开盘，低开低走，验证了该形态的形成，给出了形态卖点。

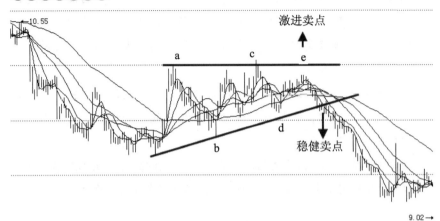

分时图实战示例

图6-12 浦发银行（600000）分时图

盘面解析

如图6-12所示，在小时图表中，与日线图表有所区别的是，小时线通常会提前发出买进或卖出信号。6月23日，日线表现为看涨吞没形态，而在小时线中，开盘即形成了标准的锤子线底部反转形态，率先给出了看涨信号。股价于当日收盘时验证了锤子线底部反转形态。该锤子线的低点为上升三角形的下边处第一个转折点，经过前两日的反弹，股价于6月27日开盘到达该形态的高点。

下一个交易日，股价高开低走，与前方K线形成了看跌吞没形态，股价再度回落。该高点为上升三角形的上方处的第一个转折点。7月1日14时，股价再次形成了底部锤子线形态，预示着次日的股价有上涨的可能。次日股价上涨后在上边线处再次受到了压制，再次回落。股价在此后的运行过程中，沿着上升三角形下边线处，底部低点依次向上抬高，我们还可以发现，虽然股价处于横向震荡走势，但每逢低点基本上都会出现底部反转形态，而在区间的高点处都会出现顶部反转形态。当股价向顶端做最后的运行过程中，成交量逐渐缩小，此区间股价的最后一个高点无力达到上升三角形形态的上边线处，这在价格形态中也表现出股价将要趋弱的迹象。而在该震荡区间，移动平均线可以说毫无规则，上下穿叉粘合，没有任何提示作用。我们在移动平均线的章节中讲过，在横盘震荡时，移动平均线将失去其效用。可在最后一次的波动时，股价向下穿越了所有的移动平均线，同时各条移动平均线向下发散，也给出了股价即将走弱的迹象。

7月19日开盘，股价低开低走，向下跌破了该上升三角形下边线的支撑，彻底确认了该形态的成立，给出了卖点。7月20日，股价在高开回试下边线时，受到上边线的压制回落，进一步验证了该三角形形态确已成功突破，预示着新的下跌趋势已然开始。

在三角形最小下跌目标价格的预测方面，股价在此后的下跌中达到理论预测低点时，表现为易涨难跌的横向震荡走势。8月5日，股价再次向下跳空低开，再次进入下跌趋势。

卖点7：看跌下降三角形形态的卖点

图6-13　东北制药（000597）2010年1月至2010年9月日线图

形态解析

● 看跌下降三角形形态为跌势中的持续形态。该形态是指在单边下跌行情之后的中继盘整结束后，股价将继续沿下跌趋势下跌。

● 看跌下降三角形形态是看跌对称三角形形态的一种变体，在它的内部同样会出现五次上下震荡的走势，这五次震荡的幅度也同样会越来越小，呈现逐渐收敛的形态。但我们将五波走势的高点相连，低点相连，会发现上边线是倾斜向下的，但下边线却是一条近似水平的直线。在这段震荡走势中，低点是持平的，而高点不断下降，所以称为下降三角形形态。

- 在最后的震荡运行结束之后，股价会向下突破边线，突破处应在边线的四分之三处之内，如果在边线的四分之三之处外突破，则该形态将失去其自身的指导意义。
- 测量出形成对称三角形之始的高低之间的垂直距离，将这段距离在突破下边线处向下映射出去，能得出看跌下降三角形形态理论上的最小下跌距离。

盘面解析

如图6-13所示，此图为一个标准的看跌下降三角形形态，2010年5月21日股价的低开高走，几乎吞没了前方倒锤子线的实体，该K线图形态极易引起投资者贸然看涨的心理。股价随后以流星线下跌，之后顶部逐渐降低，跌至与前期低点水平的位置，给出了看跌下降三角形的初步轮廓。无论该形态是在下跌趋势中还是上涨趋势中出现，由于形态规模较小，我们均视为持续形态，股价将按照形态形成之前的原趋势继续运行。之前下跌并不是没有卖点出现，但由于本书是讲形态的，所以我们不再讨论前期卖点，而只讨论目前形态中所提供的卖点，在股价下破下边线后，为价格形态中所给出的最佳卖点。

图6-14　东北制药（000597）分时图

盘面解析

如图6-14所示，本分时图中的下降三角形形态由于时间跨度比较短，与日线级别中的下降三角形形态基本上没有太大的出入。分时图所具有的优势是为短线操作者提供及时的入场及出场的最佳时机，但是在趋势线中，我们再三强调，当股价处于下跌行情当中时，不要轻易尝试买进，除非具有相当大的跌幅，并且预计会出现较大的反弹行情。

而在下降趋势中的买入往往得不偿失，利润相对较小，承担的风险却很大，当风险大于利润时，报偿比失衡，所以最好的操作方法便是观望。由图可见股价在5月21日开盘后，呈跳空低开稳步向上的态势，当日便回补了原向下跳空窗口。而真正的买进信号，在回补跳空窗口之后出现，此时股价为16.96元。随后出现反弹高点，最高价为18.64元，当确认反弹高点之后出现卖点，此时股价为17.91元，利润相当微薄。所以在下跌趋势中，盲目地去抓反弹的利润，我们称之为"接飞刀"，这是相当危险的行为。

此后股价在反弹过程中，高点逐级下降，说明股市仍处于弱势当中。5月21日的低点与6月21日的低点连接而成的水平支撑构成了该三角形的下边线，而逐级下降的两个高点连线，构成了该形态的上边线。当股价在此区域内，未突破上下边线时，我们应该持有最谨慎的态度。配合成交量方面，股价在每一次向上的过程中，成交量均不能有效放大，从这个层面可以看出市场缺少向上的动能，而是遵循原有趋势，股价向下的突破概率在增加。其实在实际操作当中，图中所揭示的上边线处的卖点，不具备实际意义，这是理论上的卖点。6月29日股价向下突破了该形态的上边线处时，确认了该形态的有效性。下降中的持续形态对于趋势投资者毫无用处，但对短线投资者而言，有一定的参考价值。

卖点8：看跌扩大三角形形态的卖点

实战示例

形态解析

- 看跌扩大三角形形态为跌势中的持续形态。该形态是指在单边下跌行情之后的中继盘整结束后，股价将继续沿下跌趋势下跌。
- 它是对称三角形的一种变体，内部同样也有五浪震荡走势，但不同的是，这五浪震荡走势的震荡幅度是越来越大的。我们将它的高点相连，低点相连，发现上边线向上倾斜，下边线向下倾斜，两条边线呈现扩大的状态，所以称此形态为扩大三角形形态。

● 如果按照其他内敛形态的方法来设置扩大三角的卖点，投资者将失去很多利润，所以，根据其特性，当扩大三角形内部出现了五浪结构，并且最后一浪被上边线压制住的时候，便可将其卖出。

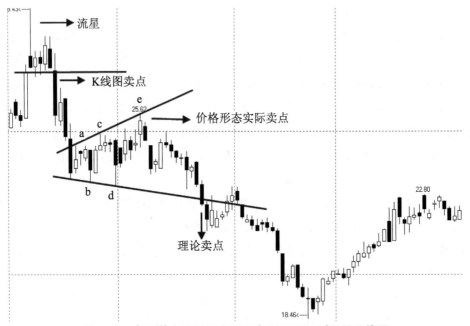

图6-15　老凤祥（600612）2010年3月至2010年7月日线图

盘面解析

如图6-15所示，图中的看跌扩大三角形内部走出了标准的五浪形态。扩大三角形形态不论出现在上涨过程还是下跌过程中，其形成的过程是一致的，只不过在上涨过程中，是为了更有利于重新吸筹与洗盘，而在下跌过程中，是为了更顺利地派发。该形态内部第三个波峰处，也就是第e浪处，为实际的卖点，而当股价向下突破该形态的下边线时，为确认卖点。

股价向下突破下边线后，曾对下边线进行反扑，但受到了来自水平方向低点的压制，无功而返，继续下跌。在该形态之前，是一段清晰可见的下跌趋势，其顶点由流星线确定，在下破流星线左侧的向上跳空窗口后，为本次下跌趋势的第一处卖点。

分时图实战示例

图6-16 老凤祥（600612）分时图

盘面解析

如图6-16所示，11月5日，股价向上突破新高，随后又快速向下回落，流下了一根长长的上影线。该形态显示出上方的抛盘压力极为沉重，市场的顶部可能就此形成，在其后股价虽然小幅上扬，穿越了该流星线的实体，但都未能摆脱流星线的控制。11月11日收盘前，股价高台跳水，收出一根长长的阴线，吞没了之前的数根K线图的实体，并且回补了之前的向上跳空窗口，给出了流星线的验证，是本次下跌趋势的第一处卖点。

而本图所示的看跌扩大三角形形态便是在这样的背景下形成的。股价在确认下跌后，并没有完全脱离顶部震荡区间，这也是对于主力机构有利的情况，在股票市场当中，该形态的形成应该是由主力完全操控的，依靠散户的力量是无法促成股价如此上下宽幅的震荡。在该形态中，股价两次向上突破前反弹高点，其实是主力想达到混淆视听的目的，通常情况下，众多的投资者会按照技术分析的趋势理论操作，在突破前高时买进，在跌破前低时卖出，正是这一普遍的大众心理，以至于主力在震荡过程中派发打压的目的得以实现。当股价突破前高，众多散户开始跟进的时候，主力开始派发打压；而当股价下破前低，众多散户开始受惊抛售之时，股价再次拉升，给市场注射一针强心剂，使散户不会轻易抛出手中的股票，抱着严重的侥幸心理，而主力正是利用散户这种贪婪与恐惧的心理进行套利。

在本形态运行之中，股价的波峰与波谷被不断刷新，显示了市场已然失控，其实这是主力对散户的一场心理战。12月14日开盘后，成交量较之前极度萎缩，无力达到前高水平，转而向下，此时主力大概已经完成了派发的主要过程。依据波浪理论，我们可以以将12月7日的高点作为最佳的抛售点，而在12月23日下破下边线时，作为理论上确认该形态已经完成的卖点，是最后的逃命时机。

卖点9：看跌矩形形态的卖点

实战示例

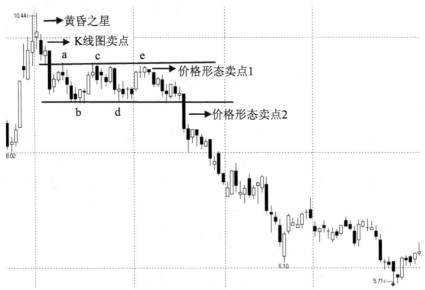

图6-17　五洲交通2010年3月至2010年7月日线图

形态解析

● 看跌矩形形态为跌势中的持续形态，该形态是指在单边下跌行情之后的中继盘整结束后，股价将继续沿下跌趋势下跌。

● 它的内部具有五浪震荡走势，并且理论上它们的震荡幅度都是相同的。我们将它的高点相连，低点相连之后发现，上边线与下边线分别为两条平行的水平直线，整体震荡走势类似于矩形，所以称它为看跌矩形形态。

- 当两条平行边线内部的五浪走势结束后，股价向下穿越下边线，矩形形态彻底完成，在突破其下边线时，为最佳卖点。

- 通常股价在向下突破上边线后，对下边线进行反扑，反扑后在下边线获得压制，则为该形态的最后卖点。

盘面解析

如图6-17所示，如果在市场中遇到的持续形态为矩形形态，那么你很幸运地找到了走势最规矩的一种持续形态。图中首先出现的是黄昏之星，对于后势给出黄昏之星的有效验证，已经给后势留下了很大隐患，再看流星线那长长的上影线，说明市场已经处于风口浪尖上，极度危险，当其后的阴线插入了前方的阳线实体后，构成了本下跌趋势中第1卖点，也是最佳卖点。股价大幅跳水后，便进入了横向震荡阶段，此形态为急剧下跌后的持续整理形态，该矩形内部出现了五浪的标准走势，在最后的波峰处，也就是第e浪时，为价格形态中的最佳卖点。有先见的投资者可以在此处将手中的持仓抛出，当股价下破下边线时，验证了该形态的有效性，确认了形态的看跌意义，为第2卖点。

分时图实战示例

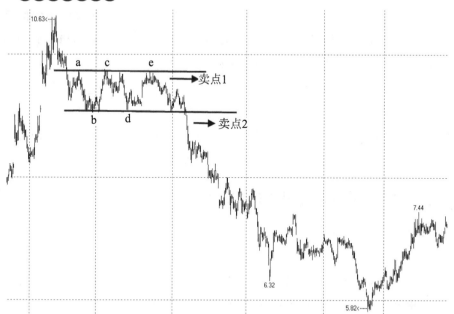

图6-18　五洲交通（600368）分时图

盘面解析

如图6-18所示，不知道大家是否见过瀑布之上的蓄水潭，矩形形态便如同蓄水潭一样。在趋势反转之初，股价以极快的速度和极陡的角度向下倾泻，注入其后横盘震荡的矩形形态之中，当潭满后，便是潭水外溢之时，此潭容量越大，其外溢之势便越强，飞流直下三千尺，疑是银河落九天。

在本图的小时线中，顶部在出现一组流星线之后，在随后的向上高点处，以看跌抱线形态形成了顶部，同时也构成了一组平头顶部形态。其后股价便进入了短期下跌趋势，当股价下跌至前方向上跳空窗口处得到了支撑，此时的股价介于窗口与前方下跌低点的压制与支撑之间，开始了横向震荡。该股的支撑导致股价虽然下跌，但尚无法确定趋势已转。在该区域内矩形的下边线处，必然积累了极大的买盘，尤其是在该区域底部形成的过程中，形成了平头底部形态，说明在此处对于股价的支撑力度是极强的。在震荡过程中，成交量处于萎缩状态，显示出众多交易者持观望态度，交投并不积极。如果在可以做空的市场中，该趋势便属于下跌的蓄势过程，那么在不能做空的中国股票市场中，这是一个相当强烈的平仓信号。任何价格的反转形态或持续形态与波浪理论的体系是自洽的，该形态中，表现为波浪理论的持续形态调整浪中的标准五浪走势，在该形态的最后高点，也就是第e浪处，便是价格形态给出的最佳卖点。所谓"安则静，危则动，方则止，圆则行，故善战人之势，如转圆石于千仞之山者，势也。"在经过一段时间的动态平衡之后，股价在最后一浪高点处。便有如千仞山之上的转动圆石，这是下跌之势，其后的下跌便是势在必行。同时我们可以观察到在震荡的最后波峰之后，股价呈逐级下跌状态，于4月19日跌破下边线后，确认了该形态的有效性，加速跳水，这便是所谓的势如彍弩，节如发机。

卖点10：看跌旗形形态的卖点

实战示例

形态解析

● 看跌旗形形态为跌势中的持续形态，该形态是指在单边下跌行情之后的中继盘整结束后，股价将继续沿下跌趋势下跌。

● 这是看跌矩形形态的一种变体，内部同样会有五浪震荡的走势，但它与看跌矩形唯一不同的是，它的两条边线是平行向上倾斜的，其他都与看涨矩形形态相同。

● 股价在两条平行边线内部的五浪走势结束后，且股价向下穿越了下边线后，看跌旗形形态彻底完成，在突破下边线时，为最佳卖点。

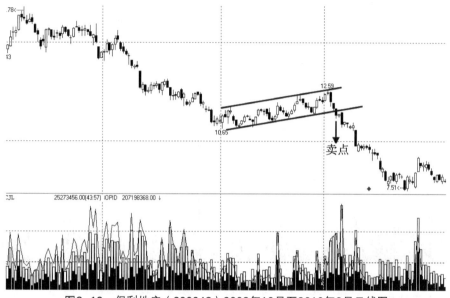

图6-19　保利地产（600048）2009年10月至2010年6月日线图

盘面解析

如图6-19所示，本图中股价形成了短期向上倾斜的调整形态，由两个向上的高点和两个向上的低点分别连接而成的两条平行线对股价形成了支撑与压制作用。从图例中可见，在股价达到上边线处时，获得压制，转而向下，在股价达到下边线处时，获得支撑，转而向上。这便构成了看跌旗形形态，该形态是市场的持续形态，出现在下降趋势中，预示着后势将继承形态发生之前的跌势。本图例中的旗形运行时间比理论上的旗形运行时间要长，但不影响形态作用的发挥。

在该运行区间内，每逢下边线遇支撑，K线便表现出底部反转形态，在上边线遇阻时，会表现出顶部反转形态。2010年4月2日，股价运行至上边线处形成了黄昏之星形态，可以看出本形态中的下跌阴线较之前更为强劲，且成交量有所放大，在此后向下突破下边线时，成交量持续放大，2010年4月8日突破下边线，确认了形态的完成，给出了价格形态的卖点。

分时图实战示例

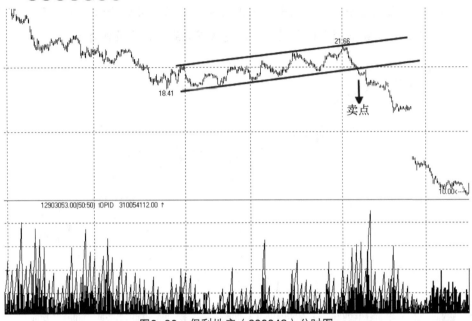

图6-20　保利地产（600048）分时图

盘面解析

如图6-20所示，该看跌旗形每一次上涨或下跌均清晰明了，本形态上涨速度是相对缓慢的，角度也是极尽平滑的。我们可以拿该形态的向上震荡走势，与下跌的单边趋势做一下比较，在主趋势为上涨或下跌的情况下，股价运行的时间短，但速度快、幅度大，如果仅仅是一次回调或反弹走势，股价通常运行的时间跨度长，波动幅度较小。孙子曰："势如彍弩，节如发机。"震荡走势是酝酿的过程，就像缓慢地拉开弓弦一样，这个过程是凝重稳健的。当势已成，蓄势已久，其发必速，单边上涨或下跌就像是离了弦的弓箭一样，在最短的时间内，以最大的力度穿越。所以，抛开所有的技术分析手段，只靠肉眼观察，便可以从价格波动的幅度、角度和速度大致区分出单边走势或是震荡走势。

看涨旗形形态的回调角度是向下的，看跌旗形形态的反弹角度是向上的，这是旗形的规则。只要先收回拳头，积累的反向能量越大，向外打出的力度才会更强，所以旗形调整形态的角度都是与主要趋势的方向是相反的。

在该旗形大部分运行时间里，向上边处运行时成交量是扩大的，而向下边处运行时成交量是萎缩的。而股价在运行至最后一个顶点处时，向上的成交量有所减少，形成跳空的顶部十字星线。十字星线的内在含义为多空双方力量均衡，市场处于胶着状态。在市场的高位出现十字星线，则看涨动能不足，配合成交量的缩减，更增加了这一担忧。在其后对十字星的验证过程当中，股价开始放量收阴，且在此次向下过程中，成交量一反常态，较之前下跌过程中的成交量有明显放大，甚至高于之前上涨过程中的成交量。这说明向下的抛盘力度明显增加了。4月7日开盘价便向下突破了旗形的下边线，确立了价格形态给出的最佳卖点。再次强调，研究技术分析，其要点在于领悟其内涵，不必拘泥小节，吹毛求疵。

卖点11：持续形态头肩顶形态的卖点

实战示例

图6-21　五矿发展（600058）2011年6月至2011年8月日线图

形态解析

● 持续头肩顶形态为看跌持续形态。

● 它的内部结构与反转形态头肩顶一样，但它们出现的位置却截然不同，反转形态头肩顶出现在上涨趋势的末端和下跌趋势的启动阶段。

● 我们可以将持续头肩顶形态看成是旗形形态或矩形形态的变体，只是中间的波谷显得更高一些而已，如果你熟悉波浪理论的话，就会知道它通常出现在b浪的位置，由b浪中的子浪与c浪中的子浪共同构成。

- 持续头肩顶形态也同样存在着颈线，当股价向上突破了颈线后，构成买点，如果该形态出现在b浪中，那么突破颈线之时必然是c浪中的第3个子浪，正是股价疯狂下跌之时，股价有着极快的下跌速度。

- 看跌持续头肩顶，也可以看作是更小下跌级别中的顶部，我们说它是持续形态，是仅仅站在较大的级别中看待下跌而已。

盘面解析

如图6-21所示，前期高点处的上吊线揭开了下跌的序幕，股价在长阴下跌后向上反弹。该形态的左肩规模较小，这在持续形态中也是比较正常的现象，在形成左肩后由低点向上反弹的过程中，成交量逐渐萎缩，股价在前方长阴线的开盘价处受到了压制，形成该形态的头部。此后股价自回落低点向上反弹，形成右肩。颈线是向上倾斜的，表现出下跌意愿很强，市场疲软。7月25日，股价跌破颈线后，该形态被验证成功，给出了价格形态的最佳卖点，市场延续了前下跌趋势，继续向下运行。

分时图实战示例

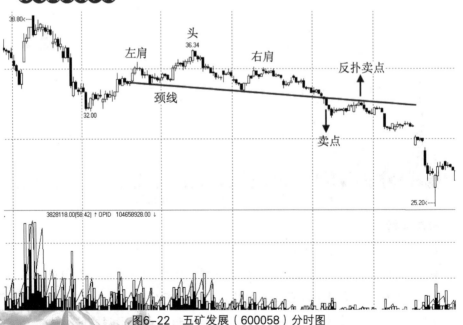

图6-22　五矿发展（600058）分时图

盘面解析

如图6-22所示，细节决定成败，从小时线入手进行分析，也就是从细节入手，从股价最微小的变化中，可以逐渐推演出未来的趋势变化。有很多投资者进入投机市场之后，总是希望一夜暴富，其实不然，每一笔成功的交易，都是从大处着眼，从细节入手，这样才能更好地追踪到趋势的变化，找到最佳的买卖点。在市场中流传着看大弃小的说法，从趋势理论来看，这句话是正确的，但很多人对它的理解有所偏差。看大弃小，并非让你放弃细节，而实际上是讲不要执着于蝇头小利，微小的波动，你可以不参与，但一定要关注，任何一次超大级别的上涨或下跌，都是从极微小处开始演变。从细节入手，从全局着眼，更能把握好方向，下跌时及时出逃，上涨时及时入场。《孙子兵法》中说道，"夫未战而庙算胜者，得算多也，未战而庙算不胜者，得算少也。多算胜，少算不胜，而况于无算乎！"

结合本图例，我们从细节处分析，由6月21日的低点向上与7月1日的低点连线，形成一条短暂的支撑线，当这一条趋势线被向下突破后，股价便无力向上攀高，甚至无法达到左肩的高度，我们可以从短暂趋势线这一细节处可以出结论，股价已经见顶，短期的头部已然形成。该反弹高点的位置恰好位于前方长阴下跌的开盘位置，股价从这里决堤，趋势线对股价形成了强烈的压制，而当股价自高点下跌，再次形成反弹后，随着成交量的萎缩，股价表现一度疲软，从K线图的小阴星线上可以证明此观点。再将头部和右肩的反弹高点连接，构成了一条短期的下跌趋势线，对此后股价的下行形成压制。由此可见，股价已经回归了原下跌趋势，当股价下破头肩顶颈线时，形态形成，给出了重要的形态卖点。当股价向上小幅反扑颈线后，又给出了一个新的卖点。

卖点12：看跌楔形形态的卖点

实战示例

形态解析

● 看跌楔形是下跌中继的持续形态。

● 看跌楔形形态是看跌旗形形态的一种变体，它与旗形形态内部的走势是一样的，在内部都存在着震荡五浪的走势，与旗形形态不同的是，它们震荡的方向虽然是向上的，但这五浪走势震荡的幅度却是越来越小，将震荡走势的高点相连，低点相连，形成两条边线，这两条边线都是向上倾斜的，但它们却是逐渐内敛的，可以相交。

● 当股价五浪震荡走势结束，向下穿越下边线时，确认该形态真正形成，并给出价格形态的卖点。当然，通常情况下，都会存在着对于边线的反扑，所以股价被下边线再次压制向下时，为最后的逃亡点。也同时验证了该价格形态的可靠性。

● 楔形形态随着它出现的位置不同，也肩负着不同的使命，它还可以成为底部反转形态，但作为持续形态，它的运行角度与原下跌趋势的方向是相反的，而作为底部反转形态之时，它的运行角度是与原下跌趋势相同的。

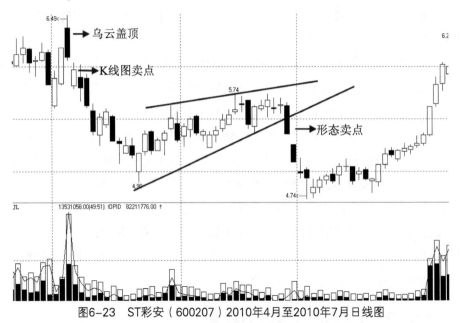

图6-23　ST彩安（600207）2010年4月至2010年7月日线图

盘面解析

如图6-23所示，该形态之前为小幅下跌的走势，2010年5月21日，股价大幅低开，与前一根阴线形成看涨约会线形态，构成短期的底部，此后股价震荡上行，由依次上升的高点和低点构成了看跌楔形形态。该形态为下跌趋势中的持续形态，股价于2010年6月29日以长阴向下突破了下降楔形的下边线，当日跌幅对突破做出了验证，次日股价跳空，低开低走，给出了卖点。

分时图实战示例

图6-24　ST安彩（600207）分时图

盘面解析

如图6-24所示，价格形态的优点在于拨开迷雾见青天，当一个纷繁复杂的走势出现在你面前，可以应用趋势线将其归纳总结，只要运行得法，一个清晰的价格形态走势就会出现在你面前。若掌握了多种技术分析方法，你就可以从本图例的小时线中看出本形态的震荡走势，不论涨跌，其内部都是三浪结构。将各高点相连，各低点相连，便能勾勒出基本的形态轮廓。正所谓"天苍苍野茫茫，风吹草低见牛羊。"不论它表现出的表像是如何的繁杂，剥开这些表象，其内在规律和真实面目，通常都是极简单明了的。唯一需要你拥有剥开这些表象的慧眼，慧眼如何练成？需要大量的经验和技术功底。

体系越小则越混沌，体系越大则越有序。如果你只着眼于眼前极小范围的价格波动，被这些微小的波动所迷惑，你的交易也必然陷于混沌，将眼光放宽一些，更长周期的图表会映入你的眼帘，其价格走势也必然会趋于有序，你的交易也会变得有序。当身处迷局，无所适从之时，最好不要被行情牵着鼻子走。此时，我们应该身处局外，冷眼旁观。当形态渐趋明朗之时，在关键处出手，把握住最好的出入市时机。正如孙子所云"致人而不致于人"。

例如本图例中，当股价运行至最后一个高点处时，此时价格趋势已从最细微处发生了微妙的变化，股价无力继续向上创出新高，在前一个高点处受到压制，此时是市场中买盘减弱的迹象，预示着股价此后有可能下跌。如此，相邻的两个高点便构成了平头顶部形态，其后当股价在6月29日开盘后，跌破该形态的下边线时，便在第一时间确定了卖点。

卖点13：充当顶部反转形态的三角形的卖点

实战示例

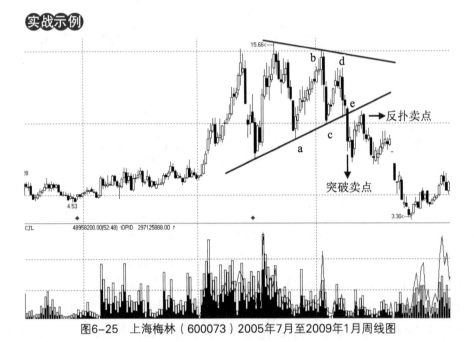

图6-25　上海梅林（600073）2005年7月至2009年1月周线图

形态解析

● 三角形形态虽然是持续形态，但有时也会出现在趋势的顶部，形成反转形态，因为其内部发生了变化，与持续形态三角形是不同的。它是由看涨三角形形态演变而来的。

● 三角形内部通常为五浪震荡走势，我们一般用abcde来计数其震荡的波数。在看涨持续三角形形态中，当第e波震荡结束后，股价会受到来自下边线的支撑，向上突破该形态的上边线后，形成继续看涨的持续形态。

　　而对于充当顶部反转形态的三角形来说，虽然依然有五波的震荡走势，但当第e浪时，下边线已经无法阻止价格向下反扑，股价向下有效地穿越了下边线后，由上涨趋势转而成为下跌趋势，形成充当顶部反转形态的三角形，该形态也是三重顶的一种变体。

盘面解析

如图6-25所示，这是一个标准的大规模的充当顶部的对称三角形形态，由于头部的规模通常较大，周线相对于日线或小时线来说，能更好地判断趋势的转换以及重要压力位的突破，如果是持续形态中，我们可以用变化更细微的分时图表来准确地找到入场和出场的时机。

自2007年5月18日当周至2008年4月3日，构筑时间近一年，如此大的顶部规模如果被突破将预示着市场趋势将发生重大变化。该形态由标准的内部五浪构成。2008年4月3日，第e浪无法再向上反弹冲破上边线，转而向下边突破，确认了形态已然反转，大幅跳水后，市场曾向上回试该下边线的压制，得到验证后，股价恢复下跌。

分时图实战示例

图6-26　上海梅林（600073）2005年7月至2009年1月日线图

盘面解析

如图6-26所示，在周线的图例中，我们已经清晰地辨明了这是一组充当顶部的反转三角形形态。我们从本图的日线图表中一一发掘它所形成的规律。

请注意，股价由2007年5月17日开始向下大幅下跌盘整后，于2007年6月29日在低点处出现了启明星形态，股价开始再次向上冲击。在该次上涨中，以推进浪的形式上冲至高点15.66元，突破了前高点处。说明此波上涨仍为前方上涨趋势的延续，属于上涨推进浪。所以将股价自此处的新高开始向下回调所形成的拐点作为我们选取的三角形上边的第一个转折点。确定了第一个转折点之后，后面的工作便显得相对容易一些了。在这里需要解释一下，因为本书是在为大家从理论上讲解形态的买卖点，所以要采取相对标准的形态作为图例，在实际的操盘当中，不必过于拘泥，在个别细节上追求完美或钻牛角尖，就会延误最佳的交易时机，甚至可能对于价格形态出现误判。

《论语》的《雍也篇》中曾说到："质胜文则野，文胜质则史。文质彬彬，然后君子。"这里所强调的是内涵与表象同等重要、相辅相成，文与质并行，方可称为君子，但文与质必选其一之时，则质更重要。所以，看待价格形态，首先要看到该形态所要表达的内在含义，其所彰显的指导意义是什么，然后再求其形，不要被假象所迷惑。在任何价格形态中，都脱离不了道氏理论的基础。当市场在上升趋势中，而股价不能向上破出新高，则本阶段内动能已不能继续推动市场上涨，是一个危险的信号。虽然在该区间内股价的低点不断向上抬高，但分析其内涵可以发现，底部向上抬高的幅度越来越小，价格形态不过是将这一内在的事实通过具体的轮廓表现出来，从而更易于大家分析与判断。

该形态的成交量给予了充分的配合，于2008年3月31日向下突破了下边线，确认该形态为顶部反转三角形，给出了价格形态的突破卖点，随后股价又向上回试上边线，在此处承压，再次向下，给出了反扑卖点。

卖点14：顶部反转楔形的卖点

实战示例

形态解析

- 区分楔形是反转形态还是持续形态，关键在于它与主趋势的方向是否相同，如果楔形的方向与主趋势方向相同，那么它便是反转形态，如果它与主趋势的方向相反，那么它便是持续形态。
- 它通常出现在该级别上涨的最后阶段。
- 作为顶部反转形态楔形与持续形态楔形，它们的内部构成也完全不同。

看跌持续楔形形态中，将与主趋势相反的第一次回调称为a浪，以此类推，在第e浪时，受到上边线的压制，转而向下，突破下边线，形成新的下跌趋势。而在反转楔形形态中，在形态内部，最后一浪上涨中的第一次上涨，标记为"1"，在反复震荡中最后的上涨标记为"5"，当第"5"浪形成之后，顶部楔形形成，股价转而向下突破楔形的下边线，趋势出现反转。

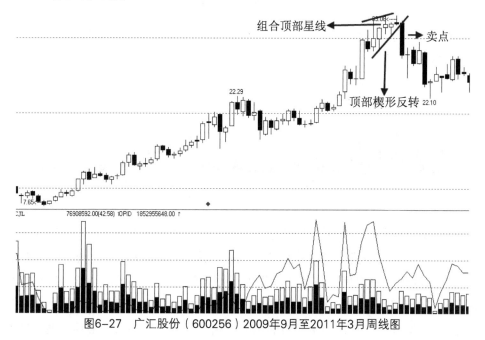

图6-27 广汇股份（600256）2009年9月至2011年3月周线图

盘面解析

如图6-27所示，2010年11月12日当周，股价在前方阳线的实体内开盘，冲高后回落收阴，与前方阳线形成看跌孕线形态。其后股价并没有向下回落，而是以阳线收盘，留下长长的破高上影线，该上影线表现出市场在高位的压力正在增加，为今后的走势留下隐患。在下周的阳线之后，股价分别形成了三个顶部反转K线，暗示股价在此区域已处于风口浪尖之上。12月24日当周，股价长阴下跌，一举吞没了前方的6根K线实体，与前方的星线构成了一组组合的黄昏之星形态，确定了市场的顶部。通过顶部小K线高低点的连线，隐约表现出顶部楔形形态，我们在日线中详细解说该形态。

分时图实战示例

图6-28 广汇股份（600256）2009年9月至2011年3月日线图

盘面解析

如图6-28所示，2010年11月8日前，是一个完整的向上五浪结构，属于该上升级别中的主升推进浪，即为某级别中的第三浪。我们讲过，为了增加价格形态判断的准确度，波浪理论在其中起到了至关重要的作用。无论持续形态抑或是充当顶部或底部的形态，其内部通常都是由五浪组成。如本图中，自2010年11月5日至2010年11月11日，为主升浪的调整结构，其后股价进入了最后一波上涨。2010年11月16日，股价冲高的高点作为该楔形的第一个转折点，在其后的向下回调中，2010年11月23日的低点构成了底边处的第一个转折点。此后高点上升的幅度小于低点上升的幅度，这样将高点连接，低点连接，便勾勒出了顶部楔形的轮廓，但此时价格形态如何演化，还需要市场的进一步验证。

此形态为三十六计中第一计"瞒天过海"在股票市场中的实际应用，兵法有云："备周则意怠；常见则不疑。阴在阳之内，不在阳之对。太阳，太阴。"该股票在2010年11月16日之后，股价连续两次向上小幅破高，而底部也相应地不断抬高，此时股民朋友已经适应了价格规律，往往认为其下一步的走势仍然会按此规律行进。而这种表现就是"瞒天过海"之计所说的"备周则意怠；常见则不疑"。当中小投资者处于麻痹之中时，股价已经出现了细微的变化，在股价的小幅上升过程中，抛盘力量并没有显示出猛增的迹象，派发在秘密地进行，这就是"阴在阳之内，不在阳之对"。主力抛盘的一切过程，都在这不经意地不断向上小幅破高中秘密进行，它并不与强大的上涨之势做正面的进攻，而是将"阴"藏在了"阳"中，此所谓瞒天过海。

当股价运行至顶部楔形的最后一个高点，成交量已然极度萎缩，2010年12月20日，股价向下击穿该形态的上边线，确认了该形态已真正形成，趋势反转，给出卖点。

卖点15：向下跳空窗口的卖点

实战示例

图6-29　*ST中葡（600084）2009年9月至2010年7月日线图

形态解析

● 向下跳空窗口是指当前交易日的最高价与前一个交易日的最低价之间形成的无成交的价格空白区。这种向下跳空窗口是市场卖方力量非常强大的表现，持仓者对于不能及时抛售而感到恐慌，争相压低价格卖出，才会造成的极端价格体现。也同时说明出现该窗口时，人们争相抛售的恐惧心理，所以遇到向下跳空窗口可卖出。

● 向下跳空窗口分为突破窗口、中继窗口、衰竭窗口和普通窗口。其中仅有突破窗口与中继窗口具有卖出意义，衰竭窗口与普通窗口不具有卖出的指导意义。

- 突破窗口是指向下跳出原上涨趋势线，或是跳出顶部反转形态的颈线，或是跳出下跌趋势中的看跌持续形态中的下边线，是行情刚刚启动之时最重要的卖点之一；中继窗口是指在快速市中向下跳出的窗口，可根据中继窗口测算下方的跌幅尚有多深，通常中继窗口出现在该趋势的中间部分。

- 衰竭窗口是指上涨行情出现在最后的下跌阶段，此时再行卖出的意义已经不大。普通窗口是指在震荡走势中出现的跳空窗口，不具备任何意义。

盘面解析

如图6-29所示，在该向下跳空窗口出现之前，为一段清晰可见的上涨趋势，股价自头部下跌后进行宽幅震荡调整，在该震荡区间低点显示出强烈的支撑。2010年4月29日，股价向下跌破了该震荡区间的低点，构成了价格形态上的卖点，但在突破幅度上，还未经过验证。次日股价向下大幅跳空，低开低走，验证了形态卖点，形成了在形态之后的首次向下跳空，我们将其定义为突破跳空。通常在较大规模形态形成之后出现跳空窗口，预示着股价将要加速下行。

分时图实战示例

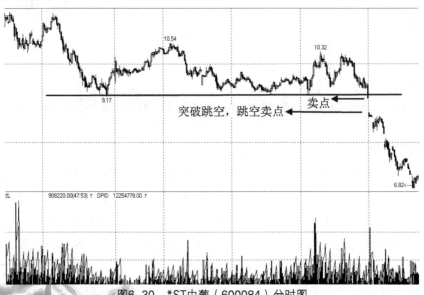

图6-30　*ST中葡（600084）分时图

盘面解析

如图6-30所示，本图例中的向下跳空发生的背景为，股价自2008年11月3日的1.92元处上升至2010年1月5日的11.35元处，当股价自高点向下回落后，形成了较大规模的平台横向盘整，此时我们依然不能断定头部是否形成。若某一形态运行的时间越长，规模越大，向下的突破便越重要，本图例便是在这样的一个背景下形成的。股价先是在2010年4月28日向下突破了该震荡区间的低点，从更准确的角度来讲，该突破只是在收盘前向下小幅穿越了震荡区间的支撑线，从幅度和时间上均未给出更进一步的验证。但是通过这一日的股价表现，下跌已是必然之事，次日开盘后便大幅跳空低开，如果在前一日，你尚未下定决心抛出股票，那么经当日的向下跳空窗口出现后形成突破卖点，无论如何也应该先将手中的持仓抛出。虽然这在感情上难以接受，但是，只要你想到有更低的价位会出现在后续走势中，也许面对亏损便能泰然处之了。

当日向下跳空窗口出现后，以跌停板收盘，此后股价向下之势如破竹，一泻千里。在风险投机市场中，最重要的不是技术分析水平，也不是高超的操作技术，而是在于你的心理，贪婪、侥幸、害怕亏损、不承认自己的错误都是影响成败的魔障，假如这些缺点不能够受到克制，即便你有再高的技术水平，结果也会事与愿违。在交易中，你最好将它当作一种图表游戏，甚至不要去考虑钱的问题，都会最大限度地帮助你发挥技术优势。例如，在本次的突破跳空中突然出现重大的利润回吐，很多人在心中是难以接受的，谁的心理素质好，谁就能够及时出场，将来再以更低的成本回购你的股票。

若一个人在股票市场中该出手时没有足够的执行力出手，那么就像坐上环城汽车，永远不知终点在哪里。

卖点16：回补原上升趋势中向上跳空窗口后的卖点

形态解析

● 在趋势中，我们发现了衰竭窗口后，必然在其上涨一段后，会出现拐点，那么股价在经由拐点后，再次回补该窗口，并且持续向下，便给出了重要的卖出信号。

● 有时你可能无法具体分辨出跳空窗口的类别，那么你可以仅仅根据它带给我们的支撑和压制发现具体的交易信号，不论它是哪种窗口，一旦被回补，并且股价继续向相反方向运行，那么该窗口便失去了它的支撑或是压制作用，重要的点位失去了作用，也就为我们提供了交易信号。

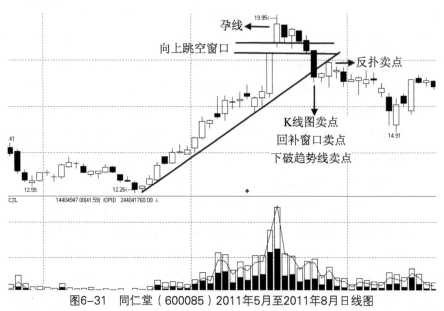

图6-31　同仁堂（600085）2011年5月至2011年8月日线图

盘面解析

如图6-31所示，本图例中所揭示的这一波上涨行情，从全局来看，基本上属于这一级别的最后一浪。2011年7月15日股价以涨停收市，次日股价顺势向上跳空形成跳空窗口，表现较为强劲。但其后的表现便不容乐观了，股价在其阳线实体内部形成了低开低走的阴线，这样就构成了一组顶部孕线形态，根据其所处的位置，这无疑是一个警示信号，此后股价便向下小幅回试，在回试过程中，向上跳空窗口的上限处及下限处均为股价形成了短暂的支撑。在2011年7月25日，股价终于向下完全回补了该向上跳空窗口，并突破了窗口的支持，形成了突破卖点，此三根阴线形成了三只乌鸦看跌形态，三只乌鸦的第二根阴线，验证了前期顶部孕线形态。股价在突破窗口之后，既而突破了上升趋势线，形成下破趋势线的卖点，股价在此后的向上反弹中，受到原上升趋势线的压制，便构成了反扑卖点。

分时图实战示例

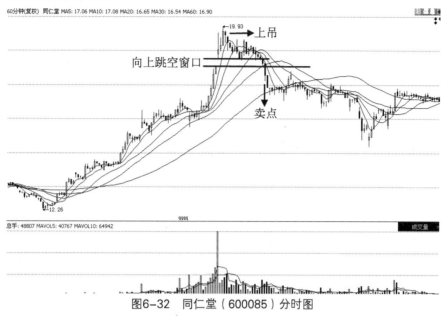

图6-32 同仁堂（600085）分时图

盘面解析

如图6-32所示，由分时图我们可以看到，向上跳空窗口之后的顶部形态基本类似于充当顶部的三角形形态，股价曾两次试探前方窗口。在高点的阳线之后，首先表现出股价见底迹象的是上吊线的出现，随后在小时线中的顶部便得到了验证。我们讲过，凡顶部形态的形成，基本都会出现某一种价格形态，虽然从日线级别无法看出是何种形态，但分时图中却可以看到放大的价格形态。

股价先是在向下试探向上跳空窗口下限时受到了支撑，但股价已经失去了再度冲高的动能，形成了向下盘跌之势。股价依次向下突破了向上跳空窗口的上限，在下限处再次获得支撑。若配合移动平均线，能看到在向上跳空窗口的上方，四根移动平均线形成了死亡谷的形态，或称之为价压，显示出价格向下运行的可能性大大加强。2011年1月25日，开盘后的第一根K线图向下突破了原向上跳空窗口，形成了突破卖点。当顶部阳线放大以后，成交量便出现了逐渐萎缩的状态。这种成交量的变化，配合价格走势来看，说明买方即使在重要的支撑区域也无力维持股价继续上行，所以在失去买盘的情况下，股价便伴随着自身重力向下破位。从移动平均线方面来看，股价在突破向上跳空窗口之时便开始逐渐向空头排列进行转换，而短期的移动平均线则对股价呈现压制作用。在本图例中，移动平均线在顶部形成过程中，是如何由多头向空头排列过程转换，也清楚地展示在我们面前。

顶部形成的过程是伴随着多种迹象出现的，市场可能会说谎，但它不可能全部说谎。它首先通过描述基本价格的K线图出现最初的反转迹象，随后是成交量，再后来便是均线系统、价格形态、摆动指标等，只要你把握住了一个，便可以在顶部成功逃离。

卖点17：回试向下跳空窗口处的卖点

实战示例

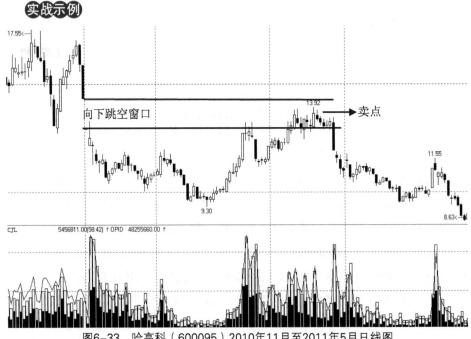

图6-33　哈高科（600095）2010年11月至2011年5月日线图

形态解析

● 跳空窗口属于K线图形态中的持续形态。

● 向下跳空窗口不论其窗口上限处还是下限处，都存在着向下的压制，所以当股价向上回补窗口受到上限或下限处的压制时，若你手中还有持仓，这是快速市中最后的逃命点位，不可迟疑，如果股价回补了窗口后继续上行，那么可以再次回购你抛出的股票，无论如何，资金的安全是第一位的。只有先生存，才能再讲生活。

盘面解析

如图6-33所示，2010年11月26日，股价再次向上未能达到前高水平，次日，股价下跌与之形成了看跌吞没形态。2010年11月30日，长阴收于跌停，奠定了后势的弱势基调。12月1日，股价再次向下，直接以跌停板开盘，全天都在跌停处，留下了一个宽幅的向下跳空窗口。次日，股价曾试图回补窗口，但大势已去，弱势难改，这一日也可以作为回试向下跳空窗口的卖点，只是由于其规模较小，形态不甚明朗，但此时的成交量较之前顶部形成过程的成交量显著放大。正是由于这一天激烈地争夺，最后以买方失败而告终，确认了市场的顶部反转。

此后的2011年1月25日，短期的底部形成，股价向上反弹。在3月10日至3月18日，股价向上回试前方的向下跳空窗口，回补了窗口，但是受到该向下跳空窗口上限处的压制，形成了一组平头顶部形态。当股价于2011年3月28日，向下再次跌落向下跳空窗口下限处时，确认了窗口的压制，形成卖点。

分时图实战示例

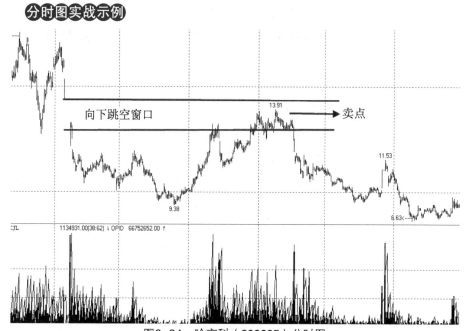

图6-34 哈高科（600095）分时图

盘面解析

如图6-34所示，在股价二次试探高点的过程中，顶部出现一次向上的跳空窗口，这在日线中是无法观测到的。该跳空窗口是上涨趋势的衰竭跳空窗口，而在其后的小时线也呈现了一个看跌吞没形态，吞没了前方大部分K线的实体。2011年11月30日开盘后，小时线表现为向下跳空，在这个小时内，股价便以跌停报收，回补了前方的突破向上窗口，次日开盘后，全天都处于跌停板处。所以，由小时线可以更清晰地辨别顶部的反转过程，在比较重要的反转之前，如果预期将发生某种变化，小时线便成为重要的分析手段，基本上可以在第一时间内感觉到或者发现价格正在发生的重要变化。向下跳空窗口形成后，股价在次日低开向上回试窗口，但股价积重难返，可以看到阳线之后是一根十字星线，形成第一个回试窗口的卖点。

从成交量上可以看到，买方力量在当日的第一个小时内，曾竭尽全力力图挽回颓势，但跌势已成，徒劳无功，此处为投资者逃命的最好时机。

此后股价变成缩量震荡下跌，当股价在达到该次下跌的短期低点时，成交量已经极度萎缩，而配合KD指标，出现了底部背离现象，由此引发了一波向上的反弹行情。常令人感觉很神奇的是，一些经验丰富的投资者，提到第二天开盘价的走势时，可以精准地预料到高开低走或低开高走。其实他们大多基于对小时线的研判，当你自己掌握了这一技能时，就不会再感到那么神秘了。

这一次股价的向上反弹规模较大，在反弹的初期，成交量也配合了有效的放大，但是当股价在突破该向下跳空窗口的下限时，便进入了横向震荡走势中。由此可以看出，股价在向上试探该向下跳空窗口上限时，市场显出犹豫不决之态，由于前方的跳空窗口是以极端形式出现的，以跌停板方式即说明在该处的抛盘心理极重，压力极大，这样在这个反弹的高点处形成平头顶部之后就构成了回试的卖点。

第7章　趋势线的买卖信号

趋势线在风险市场交易中占有主要地位，如果不懂K线图理论，那必须掌握趋势线理论。若不掌握趋势线的要领，对市场的发展方向就很难把握，会直接影响到你对市场的判断和操作。

趋势线分为主要趋势线、次要趋势线和短暂趋势线，从时间上来划分，也可以分为长期趋势线、中期趋势线和短暂趋势线。主要趋势线代表着市场发展的主要方向，次要趋势线是逆主要趋势方向而运行的，它通常是主要趋势的中级回调或中级反弹，短暂趋势线为相对很少的小级别趋势。通常我们将市场中运行一年以上的趋势称为长期趋势，运行在几个月左右的趋势定义为中级趋势，短暂趋势在时间方面没有更具体的定义。这两类划分是可以相互交叉的。

图7-1为三种趋势的简单示意图，图中的主要上升趋势代表了市场整体的运行方向，描述了在上涨中所有的价格变化。这条趋势线显示市场的主要方向是上涨的，图中的两条次要趋势线描述的是在主要的上涨趋势当中，出现的中级向下回调的行情，是上升趋势中的次要趋势。而其中的短暂趋势仅描述了短时期内价格的运行规律和方向，无论上涨和下跌。在上涨的主要趋势结束后，下跌走势成了主要趋势。

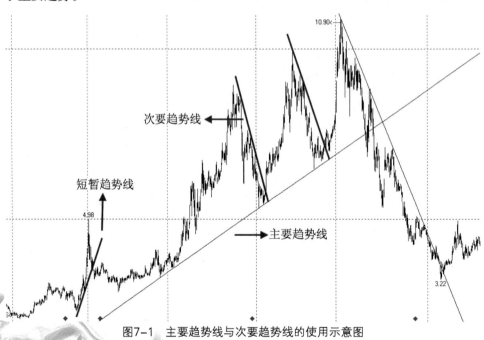

图7-1　主要趋势线与次要趋势线的使用示意图

7.1 趋势线与价格形成的重要买进信号

买点1：标志性买点——突破下降趋势线

实战示例

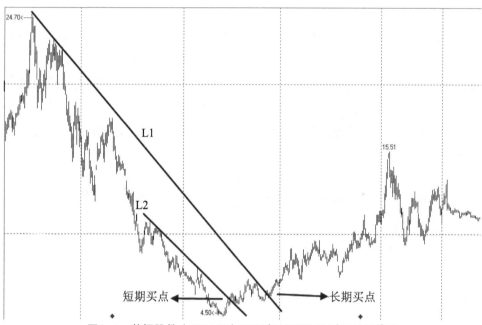

图7-2 莱钢股份（600102）2008年1月至2009年7月日线图

形态解析

- 趋势线代表着一种趋势的延续，而一个既成趋势，由于惯性作用，是不会轻易结束的。趋势线可分为主要趋势线、次要趋势线和短期趋势线。当某一类的下跌趋势线被向下突破，代表着该趋势所约束的下跌趋势被破坏而发生改变。不同重要程度的趋势线被突破，所代表的反转趋势有所不同。若短期趋势线被向上突破，那么可能发生的仅仅是向上的反弹行情，若重要的长期趋势线被突破，那么它的意义重大，极有可能发生更大级别的趋势反转。

- 当原下跌趋势线被向上突破后，代表向上的趋势即将发生，形成买点。

趋势线的突破需要验证才能证明该趋势线是否有效。有两种证明方式，分别为时间证明和幅度证明。其中四周法则对于判断趋势线突破的有效性具有重要的作用，但经过验证后，将失去大好的入场时机。所以我们在实际操作中经常使用的方法为三日规则与向上突破的幅度加以验证，若连续三个交易日都在该趋势线之上，或突破下跌趋势线3%以上，则意味着突破有效性大大加强。

盘面解析

如图7-2所示，L1为长期下跌趋势线，L2为下跌趋势中最后一波段的短期下跌趋势线。2008年11月13日，股价向上率先突破L2线，由突破幅度来看，当日已然构成短期的买点，股价在此后震荡向上的反弹中，受到长期下跌趋势线L1的压制。2009年1月6日，股价向上突破L2压制，在小幅向下回试之后，股价展开了上涨行情，在突破长期趋势线后，下跌趋势转为上涨趋势，趋势方向发生转变，给出了长期的买点。

买点2：回试买点——趋势线压力与支撑的转换

实战示例

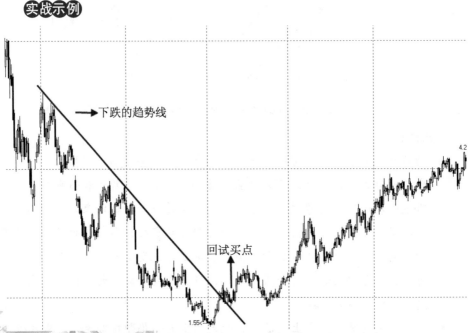

图7-3　东湖高新（600133）2008年4月至2009年7月日线图

形态解析

- 下跌趋势线是约束着某一级别下跌走向的河道，一旦股价溢出了这个河道，那么意味着原下跌趋势已然改变，转而形成上涨趋势。但有时，当股价向上突破了原下跌趋势线后，并不直接上行，而是再次出现短暂下行，此时，我们还可根据这根原下跌趋势线所提供的支撑与压制位进行操作。

- 通常情况下，当某一压力位被向上突破以后，股价再次由上向下回落至此时，压力位转而形成支撑位，这是压力位与支撑位的角色转换，趋势线也具有同样的功能，当向上突破该下跌趋势线，股价并没有如期大幅攀升，而是继续向下回落时，该压力线的角色发生转换，由提供压制转而提供支撑。所以当股价再次回落到该线之时，可作为买进信号。

盘面解析

如图7-3所示，股价在下跌趋势的末端，于2008年11月7日开始向上强劲反弹，于2008年11月14日经过突破幅度验证，为有效突破，突破了该下跌趋势线。在随后的股价上涨中，受到前方原下跌趋势中向下跳空窗口的压制，股价出现了回落。在趋势线理论中，当一条下跌趋势线被向上突破后，它的角色会发生转换，由提供压力位转而提供支撑位。此后股价在原下跌趋势线的上方震荡下跌，但下方均受到原下跌趋势线的支撑而受到下跌限制，在股价到达该下跌趋势线时均出现了反弹，凡是得到下跌趋势线支撑并且股价继续上扬之时，均为本节所介绍的买点。

买点3：回调买点——上升趋势线的支撑作用

实战示例

形态解析

- 最持久的涨势，不是突然井喷试的上涨，而是沿着某一角度，顺延着某一稳定的速率向上挺进的涨势。所以它每次波谷与波谷之间的距离或波峰与波峰之间的距离，基本上都是相差无几的，每个波段上涨的幅度与回调的幅度也基本是稳定的。因此，在我们画出上涨趋势线后，每次遇到股价回调至该上涨趋势线上，并且受到该趋势线的向上支撑，同时价格弹性很大，遇支撑便会弹起向上时，此处为非常可靠的买点。

- 由于价格趋势是具有惯性的，除非外力非常大的情况下，才会改变原有趋势，那么从这一层面来说，在趋势线上的买点准确性是极高的。

- 上涨趋势线所支撑的回调低点的次数越多，该趋势线的作用越强，支撑了八次的回调低点的趋势线，要比支撑了三次的回调低点的趋势线可靠。

- 上涨趋势线所运行的时间越长，该趋势线的作用越强，有效运行了八个月的趋势线要比有效运行了三个月的趋势线更可靠。

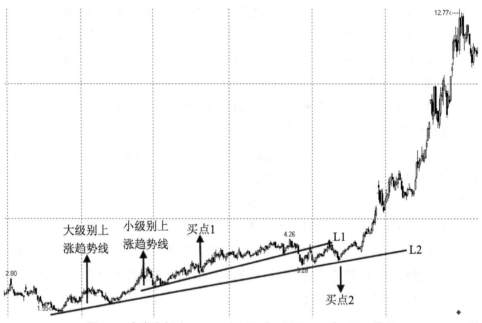

图7-4　东湖高新（600133）2008年9月至2010年3月日线图

盘面解析

如图7-4所示，L1为中期上涨趋势线，L2为长期上涨趋势线。当长期上涨趋势线做出以后，股价的上涨改变了速率，沿中期趋势线向上运行，当股价在接触到L1线时，买点1出现，成为回试趋势线的买点。此后股价向上突破了L1线，2009年9月29日股价到达了L2线时，获得了强劲的支撑，构成了回试趋势线的买点2。有时股价不一定准确地回调至趋势线上的位置，便向上反弹，也可以根据实际情况变通，构成一种买点。

📈 7.2 趋势线与价格形成的重要卖出信号

卖点1：标志性卖点——突破上升趋势线

实战示例

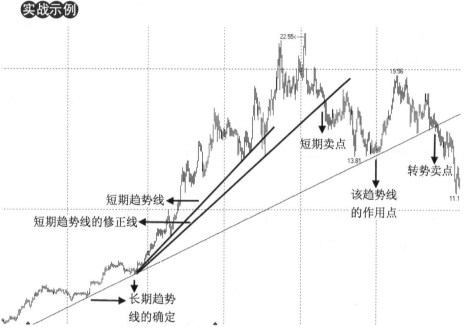

图7-5　金发科技（600143）2006年5月至2008年3月日线图

形态解析

● 与上破下跌趋势线相同，当股价下破上涨趋势线时，为我们提示了当前的情况异常危险，不能再滞留于市场中，应当抛出手中的持仓，这是一种非常强烈的卖出信号。

● 趋势线也不是万能的，因为根据道氏理论，趋势分为主要趋势和次要趋势，那么首先要知道你擅长操作的是哪种趋势，先定义好你所擅长的趋势范围，再来讨论趋势线的作用。

● 大规模的转势，如果用趋势线来做出研判，通常为大级别的C浪与1浪之间的转势，或是5浪与A浪之间的转势。而次要趋势中，甚至每个波浪运行之时，你都可以视为转势，那么趋势线的用法便不会那么简单了。有时1浪运行结束后，价格下破原上涨趋势线，它并不是转而向下，而是出现了横向震荡的情况，所以，一定要了解当前是处于哪种趋势中，我们才能更好地利用趋势线来做交易。

● 若股价击穿了我们已经画出的原上涨趋势线，但又再次向上穿越该趋势线，回到上涨趋势的上方，并且创出新高，那么，根据道氏理论来讲，上涨趋势未结束，所以我们应该及时地修正趋势线，将新出现的低点囊括进去。

盘面解析

如图7-5所示，在行情没有进行到我们能看到的所有图例之前，应首先做出那条长期趋势线，其后随着股价上涨，分别作出短期趋势线及它的修正趋势线。2007年9月7日，股价向下突破了修正趋势线后，出现了短期卖点，股价在下跌中受到长期趋势线的支撑，反弹后再度下跌，跌破了这条长期趋势线，构成了转势的卖点。

卖点2：回试卖点——趋势线支撑与压力的转换

实战示例

图7-6　中国玻纤（600176）2006年10月至2008年6月日线图

形态解析

● 上涨趋势线分为长期趋势线，中期趋势线和短期趋势线三种，根据趋势线的级别不同，突破后所产生的重要意义也有所不同。当一条长期趋势线或中期趋势线被突破时，意义会更重大，而趋势线被突破后，往往代表该趋势线上涨级别发生了扭转，尤其是当一条长期趋势线被突破后，则往往预示着趋势的转变。

● 那么该趋势线由原来的支撑将转换为对股价的压制。在该趋势线被突破后，由于一个重要趋势的转变并不会因为一次突破而得到确认，所以在经过恐慌抛盘之后，通常会出现重新向上回试这条趋势线的走势，来验证该突破是否有效。一旦压制作用被验证之后，股价转而向下运行，代表着趋势反转得到了进一步的确认。在向下突破该趋势线时为突破卖点，而在反扑该趋势线时又会得到一个更高的卖点，为反扑卖点，这在我们今后要讲的到价格形态中会经常遇到。

盘面解析

如图7-6所示，该上涨趋势线是在股价加速上涨之后，出现了两次较大级别的向下回调走势。以这两次向下回调的低点，我们画出一条新的中期上涨趋势线，该趋势线描述了这一级别内所有的股价变化。股价于2008年3月17日向下突破了该中期趋势线后，给出了第一次的突破卖点。股价在向下运行一段时间后，便出现了向上回试的动作，我们也可以将其理解为反扑该趋势线的有效性。在该趋势线的下方，形成了流星线的顶部反转形态，确定了该处的压制，随后再次出现了在趋势线下方向上反扑趋势线的走势，但远没有达到趋势线位置，显得向上反扑力不从心，在得到K线图方面的配合后，股价给出了较高位置的反扑卖点。

卖点3：回调卖点——下降趋势线的压制作用

实战示例

形态解析

● 趋势是具有惯性的，如果没有极强大的外力干预，是不会随便转势的。所以，无论是上涨趋势线还是下跌趋势线，只要股价在它们的控制范围内，就不要轻举妄动，不要逆势操作。

● 当股价由上涨趋势转而成为下跌趋势时，不要认为只有上涨的股市而没有下跌的股市，下跌也是具有惯性的。我们还可以通过各种技术分析手段来预测这是什么级别的下跌，会跌到什么程度等。就趋势线而言，如果没有向上突破该下跌趋势线的话，上涨趋势便远远没有到来，所以不要在下跌趋势线之下看到向上的反弹，便轻易地做出判断，认为这是上涨趋势已经来了。通常情况下，股价反弹至下跌趋势线上后，受到该趋势线的压制，股价再次下跌，反复运行。

● 当股价向上破出下跌趋势线后，我们还是需要对其进行验证，通常是用幅度和时间来验证，还要配合大的成交量来验证是不是股价真的上破了趋势线。所以，任何在趋势线下方的反弹高点，都可能成为新的卖点。

图7-7　伊力特（600197）2008年4月至2008年11月日线图

盘面解析

如图7-7所示，此处的卖点绝对是理论上的卖点，对于交易者来说，基本上毫无用处。此处的卖点可供短线交易者来做个参考，也通常会警示那些随便抄底抢反弹的交易者们，下跌趋势是具有惯性的，没有较大的外力作用下，不会轻易转势。在没有上破这条下跌趋势线之前，不要随意建立长期多单。

第8章　移动平均线的买卖信号

移动平均线是根据收盘价制定出来的，适用于任何时间单位。移动平均线有三种算法，分别为算术移动平均线、加权移动平均线和指数加权移动平均线，而被普遍广泛采用的是最简单的算法，也就是算术移动平均线。移动平均线具有相同的性质，它最主要的功能是追踪市场中的趋势，同时也可以利用K线与移动平均线之间，或几条移动平均线之间相互交叉，发出买卖信号。移动平均线的用法简单明了，而通常被采用的是通过多条移动平均线的组合来研判市场趋势的变化，单根、双根或是多根移动平均线的用法，均被广泛使用。移动平均线的参数没有固定的模式，可根据交易者不同的风险喜好，设定适合于自己的参数。

如图8-1所示，为移动平均线的几种基本的使用方法。图中重要的卖点是当短期移动平均线下叉长期移动平均线后给出的卖出信号。图中移动平均线的参数为10日移动平均线和120日移动平均线，当这两条均线发生死叉后，会出现一个重要的卖点。随后，中期移动平均线向下穿越了长期移动平均线，顶部形成死亡谷形态，这又是一个重要的卖点。最后形成的空头排列模式，代表下跌趋势已成。在下跌趋势中，移动平均线，尤其是中长期移动平均线将对股价产生重大的压制作用。

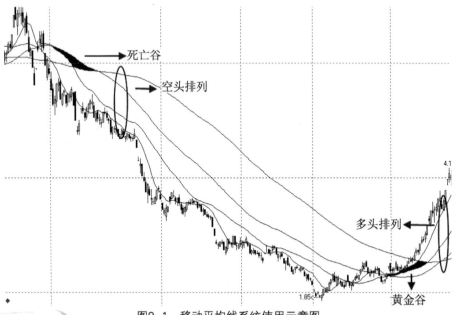

图8-1　移动平均线系统使用示意图

当股价向上运行时，首先为K线向上穿越多重移动平均线，形成了重要程度不同的买点，当短期和中期移动平均线纷纷向上穿越时也构成了重要程度不同的买进信号。随着短中期移动平均线上叉长期移动平均线，底部形成黄金谷，随后多头排列形成，代表着趋势由跌势转而成为涨势。

📈 8.1 移动平均线的买点

买点1：股价上穿单根移动平均线的买进信号

实战示例

图8-2　大唐电信（600198）2008年10月至2010年5月日线图

形态解析

● 移动平均线最简单的用法莫过于K线与单根移动平均线的组合，当股价上穿某一根移动平均线时为买进信号；当股价下穿某一根平均线时为卖出信号。关于移动平均线参数的设置，每个人有不同的经验与喜好：如果你是风险追随者，可以采用短期移动平均线，例如5日移动平均线，或10日移动平均线；如果你是风险厌恶者，可以采用较长期的移动平均线，如60日移动平均线或65日移动平均线等；如果你擅长周期更大的交易，甚至可以采用年平均线来作为参考。

● 当然，短期移动平均线与长期移动平均线二者之间是有优有劣的。短期移动平均线比较灵活，能以最快的速度追踪短期内趋势的走向，但有可能被频繁穿越，会给出相对较多的交易信号，这样便增加了交易成本，也会错过相对较大趋势的行情。长期移动平均线，虽然别除了较多的伪信号，但是当信号发生时，你已经丧失了大部分的利润，或是最佳的入场时机，所以单根移动平均线参数的选取属于个人口味，应根据个人的交易特点来选取。考虑到移动平均线在震荡行情中会失去其作用，本节选取了120日的移动平均线作为讲解的案例。

盘面解析

如图8-2所示，2008年12月12日，股价向上确认突破移动平均线，构成买点1。此后股价在向下突破后，再次向上强劲突破移动平均线，构成了买点2。图例中移动平均线的参数为120。

买点2：移动平均线在上升趋势中的买进信号

实战示例

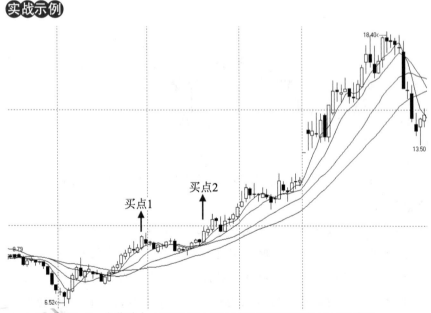

图8-3　全柴动力（600218）2010年6月至2010年11月日线图

形态解析

● 打开图表分析软件，首先展示给我们的都是K线与移动平均线的组合，而移动平均线分别为5日移动平均线、10日移动平均线、20日移动平均线、30日移动平均线和60日移动平均线。

● 当5日移动平均线在10日移动平均线之上，并且10日移动平均线在20日移动平均线之上，以此类推，短期在上，长期在下，这种形态称之为"多头排列"，说明股价在短期内的上涨速率大于中期内的上涨速率，中期内的上涨速率大于长期内的上涨速率。股价已经开始向上运行。

● 多头排列通常预示着一波极大的上涨行情，而这类行情除了波段理论以外，很难用其他的技术分析手段来发现，所以当均线系统出现了多头排列时，一定不要错过这难得的机会。

● 多头排列发生的信号通常比较迟缓，但其准确度相当高，也可以过滤掉很多短期内的回调走势，用多头排列的方法来研判趋势的形成，简单明了，极易上手，是有着广泛群众基础的经典的均线系统分析手法。

盘面解析

如图8-3所示，2010年7月29日，移动平均线完成了多头排列，此日股价突破前下跌趋势的最后一个反弹高点，确认为买点1。2010年8月19日，股价经过小幅调整，再次形成多头排列，构成了买点2。

买点3：短期均线与中长期均线的金叉买进信号

实战示例

形态解析

● 为了避免K线与单根移动平均线陷入震荡走势中无法自拔，我们可以采取两根移动平均线的分析方法。当短期移动平均线高于中长期移动平均线时，说明股价短期内向上运行的速率大于中长期向上运行的速率，那么股价在一定程度上已经开始上涨。所以，当短期移动平均线向上穿越中长期移动平均线时，给出买进信号。

● 其中值得注意的是，有些时候，如果短期移动平均线向上穿越中长期移动平均线，股价向上偏离移动平均线更大，等待股价向下靠拢移动平均线之时再行入场，此时可以用副图指标"乖离率"作为参考。

● 两根移动平均线参数的选取也是有讲究的，若采取5日与10日移动平均线，那么还是趋向于极短期的操作周期，不能突显两根移动平均线相组合的优势；那么选择30日与60日的移动平均线组合又显得周期过长，不灵敏，信号发出较晚，会丧失绝好的入场时机。所以，短期移动平均线的参数选取不能过小，长期移动平均线的参数选取也不能过大。但这也没有一定规律，因为不同市场，不同标的物，它们的特性都是不同的，所以，应因时、因地、因人而异，来选择最适合自己的移动平均线参数。

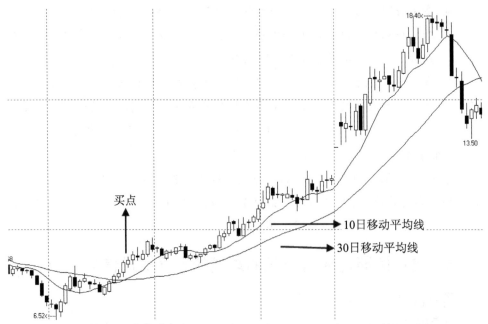

图8-4　全柴动力（600218）2010年6月至2010年11月日线图

盘面解析

如图8-4所示，2010年7月2日，底部锤子线之前，为下跌趋势线，两根均线属空头排列。2010年7月22日，10日移动平均线向上穿越了30日移动平均线，构成买进信号。

买点4：黄金谷的买进信号

实战示例

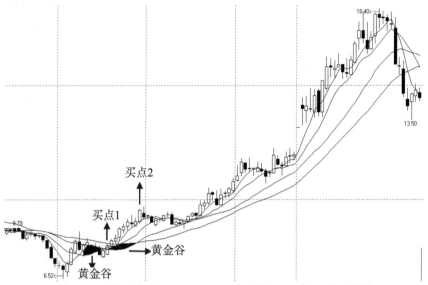

图8-5 全柴动力（600218）2010年6月至2010年11月日线图

形态解析

- 当短期移动平均线向上运行，中期移动平均线随之向上，这两根移动平均线都向上穿越了较长期的移动平线时，形成一个圆滑的三角形，该三角形的钝角部分，也就是最大边长所对应的方向是向上的，那么该形态被称为"黄金谷"，有些书中也将它称为"价托"。

- 该三角形的面积越小，说明上涨的速度越快，上涨的力度也就越大；如果该三角形面积很大，说明上涨的速度相对较慢，但可能会很平稳。往往在酝酿阶段形成的黄金谷面积较大，在快速市中出现的黄金谷面积较小。

- 黄金谷的内在含义与多头排列基本相同，是多头排列形成的先兆。黄金谷是由三根均线构成的一种形态，形成之后，若后续走势继续向上，那么多头排列迟早会形成。

- 形成黄金谷处的价位，也会对后续走势形成一定程度的支撑。

- 为了方便读者对比，在此处讲解的均线系统图例，我们使用的都是相同个股。

盘面解析

如图8-5所示，首先是五日移动平均线上叉10日移动平均线，构成了两根K线组合的买点，其后随着5日移动平均线上叉20日移动平均线和10日移动平均线，形成了第一个黄金谷。在均线形成黄金谷之时，股价正处于小幅调整之中，但显而易见，在调整时，股价受到了该黄金谷区域的支撑，随后股价向上穿越20日移动平均线，这样就构成了买点1。在此之后，20日移动平均线与10日移动平均线先后上叉了30日移动平均线，构成了另一个明显的黄金谷，2010年7月29日，形成了买点2。

买点5：在长期均线上，短期均线上叉中期均线的买进信号

实战示例

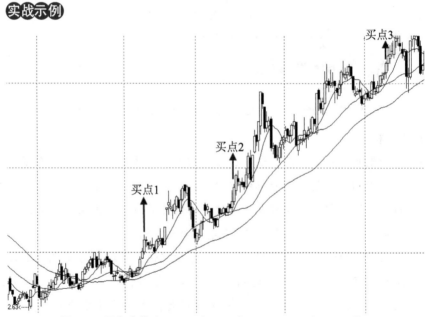

图8-6　昌九生化（600228）2008年10月至2009年8月日线图

形态解析

● 本节所讲解的这种方法称之为生命线法，它结合了短期和中期两根K线的使用方法与K线和单根移动平均线使用方法的精华，使我们能更好地在大趋势中做出中短线的交易。

● 具体方法：当股价在长期移动平均线之上时，可以默认该趋势为上涨趋势，那么若此时短期移动平均线向上穿越中期移动平均线，第一形成了

两根移动平均线组合而成的买点，第二形成了短、中、长期移动平均线多头排列的买点。若股价在该长期移动平均线之上，短期移动平均线向下穿越中期移动平均线时，可暂时抛出手中股票。

● 这种方法的优势在于，既可以把握长期趋势，也可以在长期趋势之内过滤掉短期的震荡行情，在长期上涨中再次找出其中短期或中期向上的行情，避开不必要的短期回调。尤其是当短期移动平均线二次上叉中期移动平均线时，买点更为可靠。

盘面解析

如图8-6所示，2008年12月5日，股价完成多头排列，但随后便回落至长期移动平均线之下，随后，10日均线下叉30日均线。2009年1月16日，10日均线再次上叉30日均线，构成买点1。此后，股价始终处于长期移动平均线之上。2009年2月24日，股价再次出现大幅下调，受到长期移动平均线的支撑后向上反弹，而移动平均线配合股价走势，在10日均线下叉30日均线之后。2009年3月26日，股价上涨，两根均线再次出现金叉，此处为买点2，可作为加仓买点。同理，买点3的情况与前面如出一辙，也可作为加仓买点。

📈 8.2　移动平均线的卖点

卖点1：股价下穿单根移动平均线的卖出信号

实战示例

形态解析

● 单根移动平均线的卖点，其实与K线穿越单根移动平均线的用法一样，不过它们是互为镜像的，只是方向不同而已。在股价向上突破单根移动平均线时，需要大量的成交量配合，而当股价向下穿越单根移动平均线时，通常成交量显得没有那么重要，地量下跌或无量下跌也经常可见。

● 关于股价下破单根移动平均线所采用的参数的选取，也是根据每个人不同的交易习惯而定，有些人喜欢做中短线，那么可以用一些相对较小的时间参数，有些人喜欢做中长线，那么可以采用一些相对较大的时间参数。

- 股价下破移动平均线，也需要对其加以验证。有时间与幅度两种验证方法，若连续三天的收盘价都在移动平均线之下时，或在移动平均线之下下跌3%的幅度，都可以将其看成是下破的有效验证。但三天或3%幅度也只是一个概数，还是可以根据每个人对风险的理解不同而改用两天或2%幅度的验证，或是四天和4%的验证。

- 与趋势线一样，当股价偏离移动平均线很远时，需要回归移动平均线附近，再行下跌，类似于股价穿越趋势线后，对于趋势线的反扑。

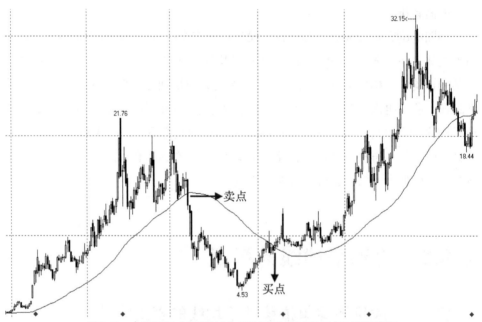

图8-7　中国卫星（600118）2006年2月至2011年2月周线图

盘面解析

如图8-7所示，本图例中所取的时间参数为60日周线。2007年6月1日当周，股价见顶，形成著名的三角形顶部（详见价格形态一章）。2008年3月14日，股价下破60日周线，从价格上来看，也下穿了三角形顶部形态的下边线，股价一路下跌，均线与价格形态共同提供了准确的卖点。

卖点2：移动平均线在下降趋势中的卖出信号

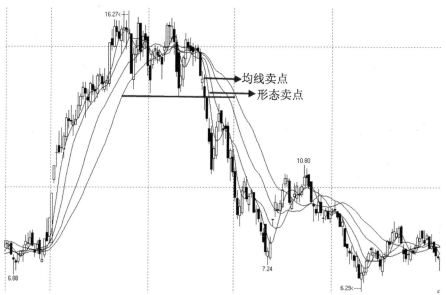

图8-8 宏图高科（600122）2007年10月至2008年8月日线图

形态解析

- 空头排列是相对于多头排列的镜像，当长期移动平均线、中期移动平均线和短期移动平均线依次由上而下排列时，为移动平均线系统的空头排列。

- 空头排列与多头排列一样，会带来准确度极高的信号，它通常是一段中期或是长期下跌的开始。如果你是一个趋势交易者，使用空头排列给出的卖出信号初期，卖点会相对于其他技术分析手段给出的卖点更低一些，但空头排列给出的卖出信号却是坚实可信的，你可以用一部分利润来换取这样一个诚实的卖出信号，相对来说，也是值得的。

- 空头排列是单根移动平均线与双线交叉法组合后的一种延续性方法。当空头排列形成时，股价已经出现较大幅度的下跌。若股价已经偏离了移动平均线较大的幅度，股价会向移动平均线靠近，可采用乖离率指标来做出更细微的判断。在靠近移动平均线之后，可采用K线图或是其他的技术分析方法来辅助分析，再找出更加恰当的卖点。

盘面解析

如图8-8所示，股价在顶部区间进行了较长时间的宽幅震荡，而在此之前我们讲过，震荡区间移动平均线会完全失去功效，出现上下频繁穿插的现象。当2008的3月10日，这一根长阴出现之后，移动平均线的排列渐渐清晰起来，可以看到从这一天开始，各条移动平均线均成为向下倾斜状态。2008年3月11日，空头排列形成，构成均线系统的卖点，次日股价向下穿越高位震荡的低点，给出了形态的卖点。

卖点3：短期均线与中长期均线的死叉卖出信号

实战示例

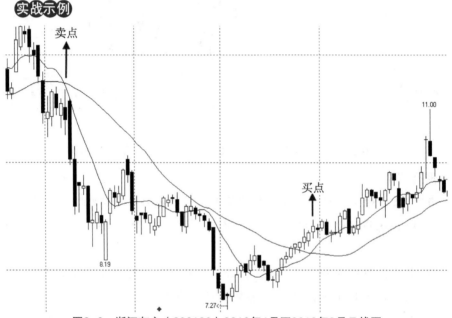

图8-9 浙江东方（600120）2010年4月至2010年9月日线图

形态解析

● 双线交叉法是为了弥补单根移动平均线的不足。有时在震荡行情中，若采用单根短期移动平均线，会陷入永无止境的买进—止损、买进—止损的怪圈当中；若采用较长期的单根移动平均线，则会毫无利润，平添了很多交易成本。

● 当短期移动平均线下叉中长期移动平均线之时，便给出了卖出信号，说明短期内股价的下跌超过了中长期股价下跌的速度。股价向下运行的速度打破了原有的平衡，应时将手中的股票抛售兑现。

- 双线交叉法中，值得我们特别注意的是，当中长期移动平均线向上运行的速度趋缓，并向下出现拐点，此时的短期移动平均线再向上交叉中长期移动平均线，这样的信号基本上是非常准确的。如果中长期移动平均线还在向上运行，而此时的短期移动平均线再向下穿越中长期移动平均线时，这样的卖出信号便显得不那么精确了，有时仅仅是一次短暂的穿越带来一次短暂的回调而已，应用时应特别注意。
- 两根移动平均线参数的选取也是有讲究的，没有一定之规，因为不同市场，不同标的物，它们的特性都是不同的，所以，应因时、因地、因人来选择最适合自己的移动平均线参数。

盘面解析

如图8-9所示，首先顶部在震荡区间内短期移动平均线出现过一次向下的交叉，但此时的中长期移动平均线依然向上运行，此后短期再次向上穿越了中长期移动平均线。当二次死叉时，中长期移动平均线已经向上出现拐点，此次的向下交叉可信度极高，所以2010年5月10日出现的死叉为我们提供了准确的卖出信号。

卖点4：死亡谷的卖出信号

实战示例

图8-10　兰花科创（600123）2011年3月至2011年8月日线图

形态解析

● 死亡谷与黄金谷互为镜像，为卖出信号。

● 当短期移动平均线向下运行，中期移动平均线随之向下，这两根移动平均线都向下穿越了较长期的移动平均线时，形成一个圆滑的三角形。该三角形的钝角部分，也就是最大边长所对应的方向是向下的，那么该形态被称为"死亡谷"，有些书中也将它称为"价压"。

● 该三角形的面积越小，说明下跌的速度越快，那么下跌的力度也就越大。如果该三角形面积很大，说明下跌的速度相对较慢，但可能会很平稳。往往在酝酿阶段形成的死亡谷面积较大，在快速市中出现的死亡谷面积较小。

● 死亡谷的内在含义与空头排列基本相同，是空头排列形成的先兆。死亡谷是由三根均线便可构成的一种形态，它形成之后，若后续走势继续向下，那么空头排列迟早会形成。

● 形成死亡谷处的价位也会对后续走势形成一定程度的压制。

盘面解析

如图8-10所示，死亡谷实际上就是三根移动平均线形成空头排列的转换过程。2010年4月20日，5日移动平均线率先向下突破了20日移动平均线，这是市场即将发生转变的第一个警示信号，此时稳健的操作者尚不能以此为依据作为卖点。2010年4月22日，10日移动平均线与20日移动平均线发生死叉，形成死亡谷，当日便成为死亡谷形态的卖点，其后股价在向上反扑时受到了该死亡谷的压制，一路下挫而去。

卖点5：在长期均线下，短期均线下叉中期均线的卖出信号

实战示例

形态解析

● 本节所讲解的这种方法为生命线法，它结合了短期和中期两根K线的使用方法与K线和单根移动平均线使用方法的精华，使我们能更好地在大趋势中做出中短线的交易。

● 具体方法：当股价在长期移动平均线之下时，我们可以默认为该趋势为下跌趋势，那么此时短期移动平均线向下穿越中期移动平均线时，第一

形成了两根移动平均线组合而成的卖点，第二形成了短、中、长期移动平均线空头排列的卖点。若股价在该长期移动平均线之下，短期移动平均线向上穿越中期移动平均线时，也不可贸然买进股票，因为我们默认了该趋势为下跌趋势，那么此次的上叉，极有可能成为一次下跌趋势的反弹走势。

● 这种方法的优势在于，既可以把握长期趋势，也可以在长期趋势之内，过滤掉短期的震荡行情，在长期下跌中再次找出其中短期或中期向下的行情，避开不必要的短期反弹。不被短暂的向上反弹所迷惑。

图8-11　铁龙物流（600125）2011年3月至2011年8月日线图

盘面解析

如图8-11所示，在本图例中采用的时间周期为5日移动平均线、10日移动平均线和60日移动平均线。首先在2011年4月13日，移动平均线形成空头排列，构成空头排列的卖点，此后股价出现向上反弹，当股价在长期移动平均线受到压制后，股价向下回落。2011年5月23日，5日、10日移动平均线在60日移动平均线之下形成死叉，构成一个新的卖点，此后股价两次向上回试60日移动平均线，5日和10日移动平均线同时产生两次死叉，先后构成两个卖点。

第9章　K线与其他指标配合使用

摆动指标，如KD随机指标、MACD指数平滑异同移动平均线及RSI相对强弱指数等，这些指标的应用与判别基本是一致的，都是根据两条快速线和慢速线的交叉信号提供买卖依据。例如，当摆动指标自高位向下交叉时，则代表股价有下跌的可能，而当摆动指标由低位向上交叉时，则说明股价有上涨的可能。同时，还可以根据摆动指标在底部的背离或顶部的背离现象，增强买卖信号的重要性。但是这种摆动指标永远要屈居于次要地位，是K线及趋势走向的辅助分析工具。它所发出的买卖信号，根据股价市场的趋势不同所提供的交易信号的准确度也有所不同。

有的摆动指数界于0刻度与100刻度上下边界中运行，例如KD随机指标或RSI相对强弱指标；有的摆动指标没有上下边界，它有着重要的零轴，零轴之上为强势区域，若在零轴之下，则表示弱势。在本章中，我们分别列举了有边界的KD随机指标和无边界的MACD指数平滑异同移动平均线，通常KD随机指标会领先于MACD指标发出信号，而MACD虽然信号发出较晚，但它可以过滤一些假信号，我们选取这一快一慢的两种信号，互相取长补短。在技术分析中，摆动指标的种类繁多，有时两种摆动指标会出现相反的信号，或者给出信号时差距较大，对于初学者是极为不利的，让我们无所适从，而这两种指标是广为流传并得到大家认可的指标，其效果也是极佳的。

如图9-1所示，我们并列给出了KD指标与MACD指标，便于相互的对比。可

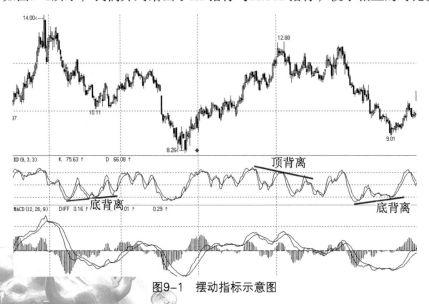

图9-1　摆动指标示意图

以发现，当股价自高点开始向下运行时，MACD指标与随机指标均发出了卖出信号，但不同的是，KD随机指标相对来说要领先于MACD指标，当股价自低处向上反弹时，效果也是一样的，但KD指标过于灵活，穿插频繁，而MACD指标却显得相对老成持重。

📊 9.1　K线与KD指标结合的买卖点

买点1：随机指标底背离的重要意义及买进信号

实战示例

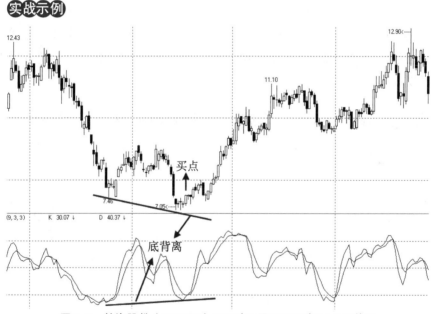

图9-2　林海股份（600099）2010年3月至2010年11月日线图

形态解析

- 当股价一浪低于一浪，其对应的KD随机指标值在理论上，也应该一浪低于一浪；若出现股价一浪低于一浪，而对应的KD随机指标值却一浪高于一浪，那么，便出现了股价与摆动指标之间的底部背离现象，给出买进信号。

- KD随机指标未能随着股价创出新一轮的低点，说明股价向下的动能已近衰竭，多头势力已经开始反扑，但我们应该牢记摆动指标永远处于第二位置的原则，这还需要其他方向进行配合，例如我们之前讲过的趋势线指标，与后面将要讲到的价格形态或是K线图形态。摆动指标给出警示，而主图方面给出确定的信号，我们才能出手。

● 股价与摆动指标出现的底部背离是在市场中比较常见的一种状况，尤其是超卖区间出现底部背离时，显得更加可靠。KD随机指标与股价之间的背离，对于研判趋势并不能提供更多帮助，只能预判某一段行情中股价将会出现何种走势，这也是随机指标的局限性。对于价格趋势的判断，还要依赖于K线图等主图分析手法。

盘面解析

如图9-2所示，有两个明显的低点，并且第二个低点处明显低于第一个低点。但它们所对应的KD随机指标中，却是第二个低点所对应的KD值高于第一个低点所对应的KD值，并且第一个低点处的KD是在超卖区出现的金叉，这样便形成了超卖区位置的底部背离现象。2010年7月8日，底背离确定后，股价凭借着第二次金叉向上运行，给出了买点。

买点2：随机指标二度底背离时的重要意义及买进信号

实战示例

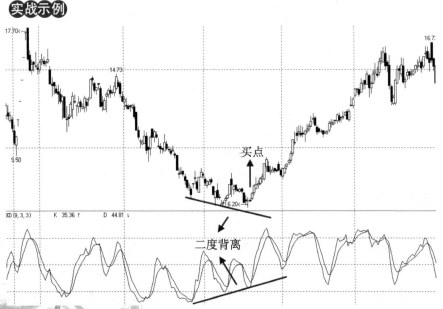

图9-3　开创国际（600097）2008年5月至2009年3月日线图

形态解析

● 有时股价与KD随机指标之间出现的一次背离，并不足以扭转行情的走势，极端时会产生二度背离，或是多度背离。所以我们会说摆动指标永远是处于第二位的，只起到警示与参考作用，而起主导作用的还是主图和价格的分析。KD随机指标出现二度背离的情况并不常见，出现多度背离的情况更是少之又少，所以当股价与KD指标出现二度背离时，再配合主图方面的分析，给出的买进信号通常都是极其准确的。

● 一般情况下，当股价处于较低价位时出现的二度背离信号，相对来说价值更大。

盘面解析

如图9-3所示，2008年9月18日，股价已处于较低的价位，此时的KD随机指标已经进入了超卖区，KD值已经处于10刻度以下，由超卖引发了短期的向上反弹，但是股价并未能扭转下跌趋势。2008年9月26日，股价再次恢复下跌，并最终向下创出新低，然而KD随机指标并没有跟随股价的下跌创出新低，反而随着股价的小幅反弹，在20刻度以上形成了金叉，构成了第一次的底部背离。

但这次的背离同样没有带给我们理想的上涨，股价在前一次的反弹高点处受到了压制，再次显露出了疲弱的状态。股价于2008年11月6日再次下跌创出新低，此时K线图以星线形态报收，反观KD随机指标，同样未能伴随着股价的下跌继续大幅回落。2008年7月10日，随着股价上涨，KD指标在高于前一个低点的位置上出现了金叉，依次下跌的股价伴随着依次上涨的KD随机指标，二度背离就这样形成了，股价展开了大规模的上涨行情。

买点3：KD在超卖区的金叉买进信号

实战示例

形态解析

● KD随机指标，是属于常见的相对很灵敏的摆动指标，与大多数摆动指标一样，底部金叉为买进信号，当KD值处于20刻度以下时，将市场定义为超卖状态。所谓超卖是指，市场短期内下跌幅度过急过大，有向上反弹的诉求，显示市场继续创出新低的动能在不断减少以至衰竭，市场需要进行调整。

- KD随机指标中，以D值为最重要的参考，当D值趋缓并向上拐头时，K值再向上穿越D值，此时的买进信号的准确性是极大的；若D值并未向上运行，而K值单方向的向上穿越了D值，此时的买进信号准确性不大，可能仅仅是一次短暂的反弹而已。

- 当市场处于上升趋势中，若发生向下回调，此时在20刻度下发生金叉的买进信号，准确度更高；而在下跌趋势中，出现的此类金叉，可能仅是下跌趋势中的调整即将出现。由此可以看出趋势的重要性，并从另一方面再次强调了要顺势而为。

- KD随机指标的地位永远是处于第二位的，它的使用应配合K线图、趋势线等主图分析方法，仅凭KD随机指标带给我们的单方面交易信号只能作为警示信号。

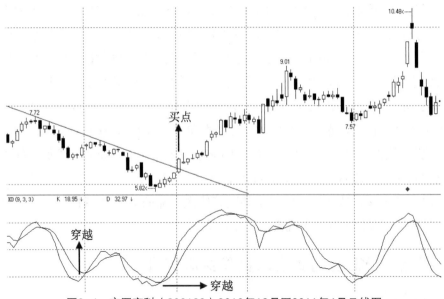

图9-4　宏图高科（600122）2010年12月至2011年4月日线图

盘面解析

如图9-4所示，2011年1月21日，KD随机指标进入20刻度以下的超卖区，1月27日，KD指标于20刻度以下形成金叉，某些激进的投资者可能据此入市，但并不可靠。直至2011年2月1日，股价向上穿越了前方短期下跌趋势线后，此时的KD随机指标再次在20刻度以下形成了金叉，共同给出了买点。摆动指标配合主图给出的买进信号才是可靠的。

买点4：在上升趋势中KD金叉时的买进信号

实战示例

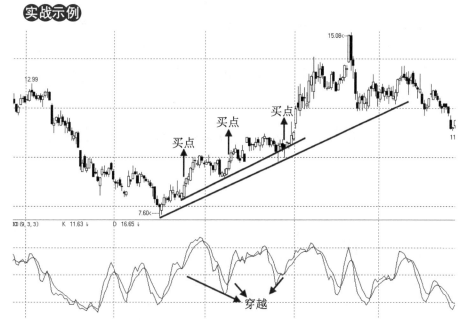

图9-5 郑州煤电（600121）2010年3月至2011年1月日线图

形态解析

● 在上涨趋势中，KD随机指标的回落往往是伴随着股价回调走势而产生的，它不是真正的反转，我们可以用趋势线进行上涨趋势的界定。当股价发生回调，并未向下穿越上涨趋势线时，说明该上涨趋势并未结束，那么每一次的回调都伴随着KD随机指标的下行，当回调结束，再次形成金叉后，即是买入点，也可以理解为加仓买入点。

● 尤其是在回调过程中，发生向上二次金叉时的买入信号，是极为可靠的，这符合波浪理论中，调整浪结束，下一个推进浪即将展开的介入点。

● KD随机指标在回调过程中，向下有时甚至不会跌破50刻度线，若没有出现大幅回调，KD随机指标是很难进入超卖区域的，也就是20刻度以下。那么在上涨趋势中，KD随机指标通常是在超卖区以上，50刻度左右往复穿叉，我们可以将50刻度以上的KD值定义为强势。

盘面解析

如图9-5所示，2009年9月22日，股价在底部形成后，第一次出现向下的回调，KD指标伴随着向下出现死叉。你可以发现，虽然股价向下回调幅度较小，但KD指标下行速度很快，这似乎预示着KD随机指标再次出现金叉为时不远。2009年10月9日，股价向上跳空高开，随机指标发生金叉，展开了新一轮的上涨。2009年10月20日发生的回调过程，属于波浪理论中的调整浪结构，第一次金叉时股价并未大幅回升，随着股价再次回落，调整完成。2009年11月16日，股价高开涨停，KD指标再次形成金叉，形成买点。

卖点1：随机指标顶背离时的重要意义及卖出信号

实战示例

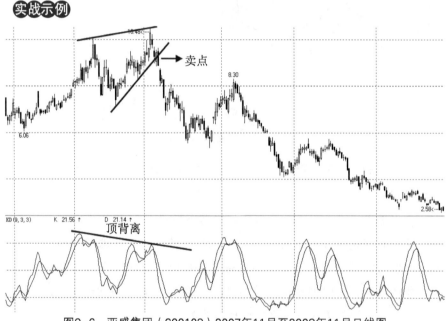

图9-6　亚盛集团（600108）2007年11月至2008年11月日线图

形态解析

● 当股价一浪高于一浪，其对应的KD随机指标值在理论上也应该一浪高于一浪；若出现股价一浪高于一浪，而对应的KD随机指标值却一浪低于一浪，那么，便出现了股价与摆动指标之间的顶部背离现象，给出卖出信号。

● KD随机指标未能随着股价创出新一轮的高点，说明股价向上的动能已经近衰竭，空头势力已经开始反扑，但我们应该牢记摆动指标永远处于第二位置的原则，这还需要其他方向进行配合，例如我们之前讲过的趋势线指标，与后面将要讲到的价格形态或是K线图形态。摆动指标给出警示，而主图方面给出确定的信号，我们才能出手。

● 股价与摆动指标出现的顶部背离是在市场中比较常见的一种状况，尤其是超买区间出现顶部背离时显得更加可靠。KD随机指标与股价之间的背离，对于研判趋势并不能提供更多的帮助，只能预判某一段行情中股价将会出现何种走势，这也是随机指标的局限性。对于价格趋势的判断，还要依赖于K线图等主图分析手法。

盘面解析

如图9-6所示，市场在2008年1月16日形成了显著的高点，随着看跌抱线的出现，股价进入了回调走势中。2008年2月1日，股价恢复上涨，2008年3月6日，股价突破前期高点创出新高，但它所对应的KD随机指标却未能跟随着股价创出新高，向上动能不足。3月10日，股价下跌，KD随机指标与股价之间形成了顶部背离，当顶背离确认后，所对应的一根阴线就成了顶背离的卖点，加之向下穿越了短期上涨趋势线，加深了卖点的准确性。

卖点2：随机指标二度顶背离时的重要意义及卖出信号

实战示例

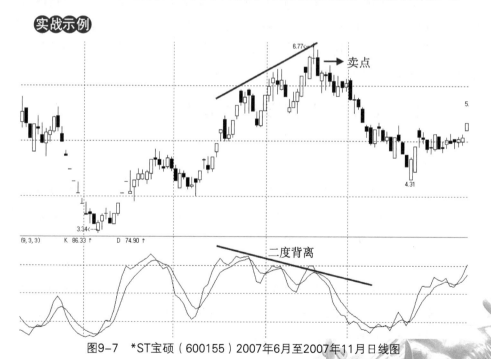

图9-7　*ST宝硕（600155）2007年6月至2007年11月日线图

形态解析

- 当股价一浪高于一浪，而相对应的KD指标却一浪低一浪时，为股价与KD随机指标的一度背离，那么股价再度升高，而对应的KD指标再度下降，便形成了股价与随机指标之间的二度顶背离。

- 有时股价与KD随机指标之间出现的一次背离，并不足以扭转行情的走势，极端时会产生二度背离，或是多度背离。所以我们会说摆动指标永远是处于第二位的，只起到警示与参考作用，而主导的还是主图和价格的分析。KD随机指标出现二度背离的情况并不常见，出现多度背离的情况更是少之又少，所以当股价与KD指标出现二度背离时，再配合主图方面的分析，给出的卖出信号，通常都是极其准确的。一般情况下，当股价处于较低低位时，出现的二度背离信号，相对来说价值更大。

盘面解析

如图9-7所示，图中出现了连续上升的三个高点，然而KD随机指标在股价创出新高时，均未能跟随向上同时创出新高，反而是一浪低于一浪，形成顶部背离，并且为二度顶部背离。2007年9月19日，股价自顶部下跌，KD随机指标发生死叉，形成顶部二度背离，即二度背离的卖点。其中第二个高点处虽然形成了顶部背离，但在上升趋势中，卖出信号未必都是可靠的，需要其他方面技术分析的配合，并且股价与KD随机指标之间的背离形成以D值为准，K值为辅。

卖点3：KD在超买区死叉时的卖出信号

实战示例

形态解析

- KD随机指标，是属于常见的相对很灵敏的摆动指标，与大多数摆动指标一样，顶部死叉为卖出信号，当KD值处于80刻度以上时，将市场定义为超买状态。所谓超买是指，市场短期内上涨幅度过急过大，有向下回调的诉求，显示市场继续创出新高的动能在不断减少，以至衰竭，市场需要进行调整。KD随机指标的地位永远是处于第二位的，它的使用应配合K线图、趋势线等主图分析方法，仅凭KD随机指标带给我们的单方面交易信号，只能作为警示和参考信号。

- KD随机指标中，以D值为最重要的参考，当D值趋缓，并向下拐头时，K值再向下穿越D值，此时的卖出信号的准确性是极大的；若D值并未向下运行，而K值单方向的向下穿越了D值，此时的卖出信号准确性不大，可能仅仅是一次短暂的反弹而已。

- 当市场处于下跌趋势中，若发生向上反弹，此时在80刻度上发生的死叉卖出信号准确度更高；而在上涨趋势中出现的此类死叉，可能仅是上涨趋势中的调整即将出现。由此可以看出趋势的重要性，并且从另一方面再次强调了要顺势而为。

图9-8　上海汽车（600104）2010年8月至2011年1月日线图

盘面解析

如图9-8所示，在2010年10月25日之前是一段中期的上涨趋势，当股价发展至高位时出现了有趣的现象，在顶部有两个实体极短的阳星线，犹如双胞胎一般，并列出现在顶部，并且幅度几乎相同，这显然是一个危险的信号。其后在2010年10月27日，股价下穿短期上涨趋势线，并且KD随机指标在80刻度高位形成死叉，共同给出了卖出信号。

卖点4：在下降趋势中KD死叉时的卖出信号

实战示例

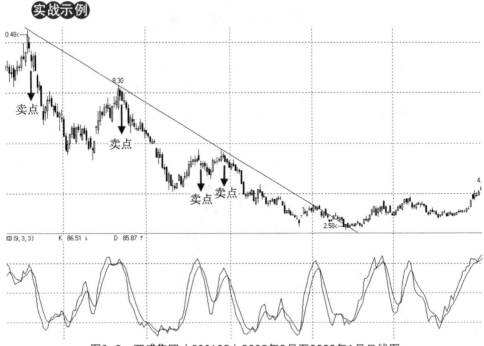

图9-9　亚盛集团（600108）2008年2月至2009年1月日线图

形态解析

● 在下跌趋势中，KD随机指标的回落往往是伴随着股价反弹走势而产生
的，它不是真正的反转，我们可以用趋势线进行下跌趋势的界定。当股
价发生反弹，并未向上穿越下跌趋势线时，说明该下跌趋势并未结束，
那么每一次的回调都伴随着KD随机指标的上升，当回调结束时，再次形
成互叉后，即是卖出点。尤其是在反弹过程中，发生的向下二次死叉时
的卖出信号，是极为可靠的，这符合波浪理论中，调整浪结束，下一个
推进浪即将展开的介入点。

● KD随机指标在回调过程中，向上有时甚至不会突破80刻度线，若没有出
现大幅反弹，KD随机指标是很难进入超买区域的，也就是80刻度以上。
那么在下跌趋势中，KD随机指标通常是在超买区以上，50刻度左右往复
穿叉，我们可以将50刻度以上的KD值定义为弱势。弱势以下，万不可动
手买进。

盘面解析

如图9-9所示，2008年3月6日，股价回落后，KD随机指标发生死叉。在2008年4月3日股价开始向上反弹，KD随机指标跟随反弹，形成金叉。5月13日形成反弹高点，次日，KD随机指标便在80刻度以上出现了死叉，给出了卖出信号。此后股价大幅下跌，然而任何一个趋势中，股价都不会像直线一样运行，当反弹再度发生后可以发现，在这一次完整的向上反弹过程中，出现了两次KD随机指标的死叉信号。但是我们强调过，在下跌趋势中的调整行情中，二次死叉的作用信号更加准确，在两个临近的高点中，第一次向下交叉比第二次向下交叉准确性低，下跌幅度也相对较小，最后的反弹高点，来自于趋势线的压制，加强了卖出信号的可靠性。

9.2　K线与MACD指标结合的买卖点

买点1：MACD底背离时的买进信号

实战示例

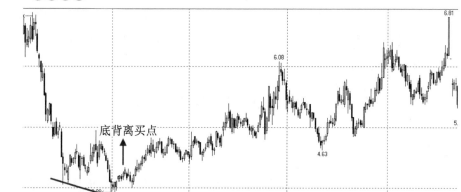

图9-10　福建南纸（600163）2010年4月至2011年4月日线图

形态解析

● 当股价一浪低于一浪，其对应的MACD指标值在理论上，也应该一浪低于一浪；若出现股价一浪低于一浪，而对应的MACD指标值却一浪高于一浪，那么，便出现了股价于摆动指标之间的底部背离现象，给出买进信号。

● MACD指标未能随着股价创出新一轮的低点，说明股价向下的动能已近衰竭，多头势力已经开始反扑，股价与摆动指标出现的底部背离是市场中比较常见的一种状况，尤其是超卖区间出现底部背离时显得更加可靠。MACD随机指标与股价之间的背离，对于研判趋势并不能提供更多的帮助，只能预制某一段行情中股价将会出现何种走势，这也是随机指标的局限性。对于价格趋势的判断还要依赖于K线图等主图分析手法。摆动指标给出警示，而主图方面给出确定的信号再采取行动。

● MACD指标与KD随机指标不同之处在于，MACD指标并不能界定何处为超卖区间，很难看出哪段顶部背离是最重要的，这需要根据当时的具体环境来做出个体的判断。

盘面解析

如图9–10所示，股价在大幅下跌之后，于2010年5月18日确定了一个低点，此后MACD向上交叉配合股价小幅反弹，当股价再度下跌创出新低后，MACD指标并未跟随股价继续下跌，反而是向上运行。2010年7月9日，MACD指标在高于前低的位置向上交叉，当日构成背离买点。

买点2：MACD二度底背离时的买进信号

实战示例

形态解析

● MACD指标出现背离的情况很多，在极端情况下可能会出现多度背离。虽然MACD指标是有着最广泛群众基础的指标，它对于趋势的判研起着极其重要的作用，但当股价深度回调，或是时间跨度很长的下探回调时，极有可能出现多度底部背离。所以，我们会说摆动指标永远是处于第二位的，只起到警示与参考作用，而主导的还是主图和价格的分析。KD随机指标出现二度背离的情况并不常见，出现多度背离的情况更是少之又少，所以当股价与KD指标出现二度背离时，再配合主图方面的分析，给出的买进信号，通常都是极其准确的。

● 一般情况下，当股价处于较低价位时出现的二度背离信号，相对来说价值更大。

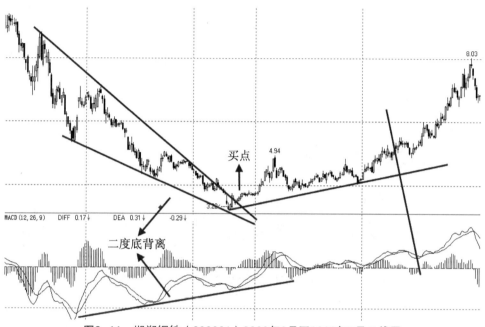

图9-11　邯郸钢铁（600001）2008年2月至2009年7月日线图

盘面解析

如图9-11所示，二度底部背离出现在一波长期下跌趋势的末端，判断是否为有效的底部，首先应该判断是否发生了有效的底部反转形态。2008年4月18日，股价自低点向上反弹后，MACD指标形成二度背离中的第一个金叉，反弹后股价随即向下运行，创出新低，股价再次反弹后，形成第一次底部背离。但由于股价并未向上突破原下跌趋势线，所以未能形成有效的反转行情。2008年12月31日，市场再次探出新低，2009年1月12日，股价在底部反弹后小幅调整，但此时MACD指标已然形成金叉，二度背离成立，并且上破了原下跌趋势线，指标配合主图给出买点，可靠性极强。在二度背离形成的过程中，DIFF与DEA一直处于零轴下方，而每一次形成底部背离时柱状图逐渐在零轴下方缩短，说明向下抛盘的动能已经越来越弱。

买点3：MACD在零轴上方DIFF上叉DEA时的买进信号

实战示例

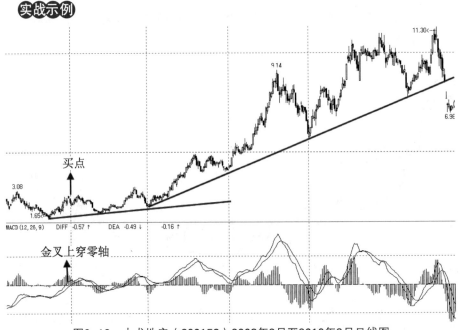

图9-12　大龙地产（600159）2008年9月至2010年2月日线图

形态解析

- MACD指标与KD随机指标大同小异，不同之处在于，KD随机指标是有上下边界的，可以找到超买与超卖的区间，但MACD具有零轴，零轴上下便是区分强势与弱势的一个基本分界线。

- 在有着做空机制的市场中，在零轴下方出现DIFF与DEA金叉时，通常为平掉手中空头头寸的信号；在零轴上方出现DIFF与DEA金叉时，通常为建立多头头寸的信号。也就是说，零轴下方出现金叉，趋势可能出现反转，但大多情况下为下跌趋势中的反弹，这要从大局来分析行情，我们单独讲摆动指标的话，应在零轴上方金叉时建立多单。

- 零轴上方的金叉与零轴下方的金叉是不同的，零轴下方的金叉往往代表着底部区域的出现，零轴上方的金叉意味着涨势基本确立，由弱势转为强势，此时买进，更能捕捉到上涨行情的利润，并且信号相对准确。

- 从波浪角度来看，零轴下方的金叉，出现转势之时，通常为C浪与1浪的转换。或是其他级别波浪的C浪与主升1浪的出现。

盘面解析

如图9-12所示，MACD出现了六次向上交叉的现象，即所构成的买进信号较为准确，当第一次MACD由零轴下方向上穿越后，一直处于上升趋势线的支撑，所以在给出买进信号后，只要主图趋势线没有被破坏，便可一直持有。

卖点1：MACD顶背离时的卖出信号

实战示例

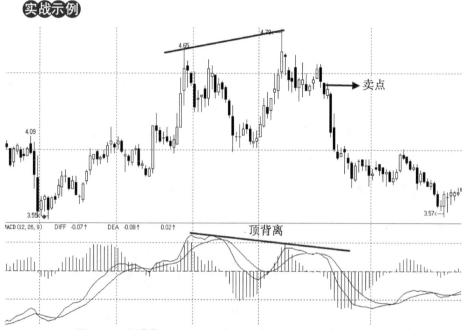

图9-13　上港集团（600018）2010年6月至2011年1月日线图

形态解析

- 当股价一浪高于一浪，其对应的MACD指标值在理论上，也应该一浪高于一浪；若出现股价一浪高于一浪，而对应的MACD指标值却一浪低于一浪，那么，便出现了股价与摆动指标之间的底部背离现象，给出卖出信号。

- MACD指标未能随着股价创出新一轮的高点，说明股价向上的动能已近衰竭，空头势力已经开始反扑。但我们应该牢记摆动指标永远处于第二位置的原则，这还需要其他方面的配合，例如我们之前讲过的趋势线指标，与后面将要讲到的价格形态或是K线图形态。摆动指标给出警示，而主图方面给出确定的信号，才能卖出。

● MACD指标与股价之间的背离，对于研判趋势并不能提供更多的帮助，只能预判某一段行情中股价将会出现何种走势，这也是摆动指标的局限性。对于价格趋势的判断还要依赖于K线图等主图分析手法。

盘面解析

如图9-13所示，股价自2010年7月1日起进入上涨趋势内，2010年8月27日形成第一个显著的高点，此后股价进入回调阶段，当DEA触到零轴时，股价重新回到上涨趋势中。2010年10月18日，股价形成了这一次上涨的高点，但留下了长长的上影线，此时的MACD指标虽然低于前一个高点处的MACD值，此后在股价的震荡中，MACD却并未及时发出卖出信号。直至2010年11月9日，随着股价的下跌，DEA线与DIFF线形成了死叉，确定了顶部背离，给出了卖出信号。在高点和卖点之间，MACD指标中的两条线出现了黏合，当它真正向下发散出现死叉时才能判定为顶部背离，此点是最关键的。

卖点2：MACD二度顶背离时的卖出信号

实战示例

图9-14　大龙地产（600159）2008年12月至2010年6月日线图

形态解析

- MACD指标与其他所有的摆动指标一样，同样具有顶部背离的判断功能，当股价一浪高于一浪，而MACD指标却一浪低于一浪时为一度顶部背离；当股价再度上升，所对应的MACD指标还在继续下跌，此为二度顶部背离。

- MACD指标稍显迟缓，但对于过滤那些频繁的伪信号，却具有显著的优势。相对于一度顶部背离，二度顶部背离的卖点更准确。当然，我们还需要配合趋势线或是价格形态、K线图形态等进行验证。毕竟二度背离出现了，三度背离也有可能出现，我们不能想当然地认为，二度背离是最后一次背离，股价肯定会下跌。即使是再精确的交易信号，也是有其成功的概率，不能铁口直断。只有当趋势确认反转之后发出的卖出信号才更为准确。

盘面解析

如图9-14所示，该二度背离出现的背景为，在这三个明显的高点形成之前，是一波较大幅度并且延续时间很长的一段上升趋势，当MACD指标第一次出现卖出信号之时，便应该引起我们的注意，此后在第二个高点形成，发生了MACD指标顶部背离现象，这无疑为市场留下了更大的隐患。当最后一个高点出现后，随着MACD指标再度发生背离，进一步加强了下跌的可能性。2010年1月27日，股价长阴下跌，配合MACD指标的二度背离，成为了顶部背离信号的卖点。随后上升趋势线遭到了破坏，当股价向下穿越这根上升趋势线后，为主图提供的卖点。

卖点3：零轴下方MACD死叉的重要意义及卖出信号

实战示例

形态解析

- MACD在零轴下方时定义为弱势，也可以说，MACD指标在零轴下方出现死叉，已然是下跌趋势确立。那么，股价可能已经破位下跌了一段距离。虽然如此，MACD指标给出信号过于缓慢，但它的交易信号是极度可信的，所以，我们再次说，这样的交易是值得的。

- 在有着做空机制的市场中，在零轴下方出现DIFF与DEA死叉时，通常是建立新的空头头寸信号；在零轴上方出现DIFF与DEA死叉时，通常是平掉手中多头头寸的信号。也就是说，零轴上方出现死叉，趋势可能出现反转，但大多情况下为上涨趋势中的回调，这要从大局来分析行情。

● 零轴上方的死叉与零轴下方的死叉是不同的，零轴上方的死叉往往意味着下跌趋势已经出现，零轴下方的死叉意味着涨势中的回调更多一些。

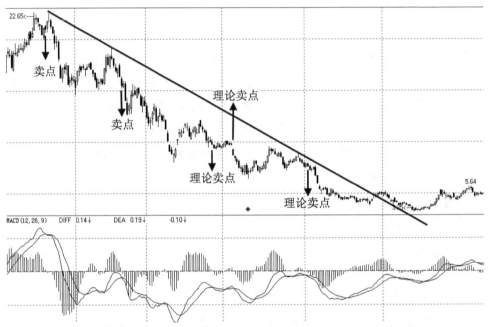

图9-15　首创股份（600008）2008年1月至2008年12月日线图

盘面解析

如图9-15所示，首先在讲解卖点之前，我们要再次强调趋势的意义。当下跌趋势形成以后，如果及时发现趋势转变的各种细微变化的话，你早就应该抛出了手中的股票。我们经常说顺势而为，但在我们的市场中不具备做空机制，所以卖点仅仅是指卖出手中的股票，然后观望，等待新的机会，再行进场买进。如图中标注所示，MACD指标在零轴出现死叉以后，给出卖点，此时需要看看你手中是否仍持有该股票，如果没有，那么这些卖点对你已无任何意义。我们标出的这些卖点，一是可以在做空机制的市场中提示开放空单，或是为短线操作者提供短线平仓的信号。